船で通学する安居島の小学生

与島近くを航行中に見上げた瀬戸大橋

佐柳島で見かけた猫たち

兵庫県
たつの市
小野市
和気町
相生市
太子町
姫路市
加古川市
三木市
赤磐市
赤穂市
高砂市
稲美町
備前市
金ヶ崎
釜崎
御崎
姫路港
播磨町
明石市
鹿久居島
鴻島
頭島
長島
姫路市
家島
男鹿島
瀬戸内市
西島
p32
坊勢島
院下島
家島諸島
明石海峡
岡南飛行場
児島湾
前島
松島
黄島p296
犬島p280
玉野市
土庄町
小豆島
播磨灘
井島
淡路市
直島町
豊島
小豊島
p126
小豆島町
大余島
直島
津名港
風ノ子島
備讃諸島
淡路島
高島
女木島
洲本市
高松港
洲本港
坂出市
友ヶ島
高松市
友ヶ島水道
さぬき市
南あわじ市
鳴門海峡
右下拡大図
綾川町
三木町
高松空港
東かがわ市
鳴門市
沼島
香川県
板野町
阿波市
徳島空港
上板町
北島町
松茂町
藍住町
吉野川
石井町
徳島市
紀伊水道
吉野川市
徳島県
小松島市
東みよし町
美馬市
佐那河内村
神山町
つるぎ町
勝浦町
上勝町
阿南市
日ノ御埼
笠岡市
下水島
上水島
岡山県
直島町
向島p31
直島p119
備讃諸島
水島灘
堅場島
六口島
松島p53
大槌島
柏島
男木島
高島
釜島
p40
兜島
白石島
櫃石島
p258
p51
女木島
大島
手島
向島
p284
p273
小手島
本島
与島
小与島p47.286
北木島
広島
p159
鍋島p173
p198
p241
高松港
大飛島
小飛島
真鍋島
牛島
坂出市
香川県
p131
佐柳島
塩飽諸島
p233
坂出港
p154
宇多津町
六島p205
高見島
高松市
丸亀市
p226
粟島
志々島
p107
p40.112

［カラー版］
瀬戸内海
島旅入門
斎藤潤
マイナビ

真鍋島の南岸に1軒だけたたずむ島宿三虎。リゾートの雰囲気が漂う

懐かしい空気が漂う津和地島のメインストリート

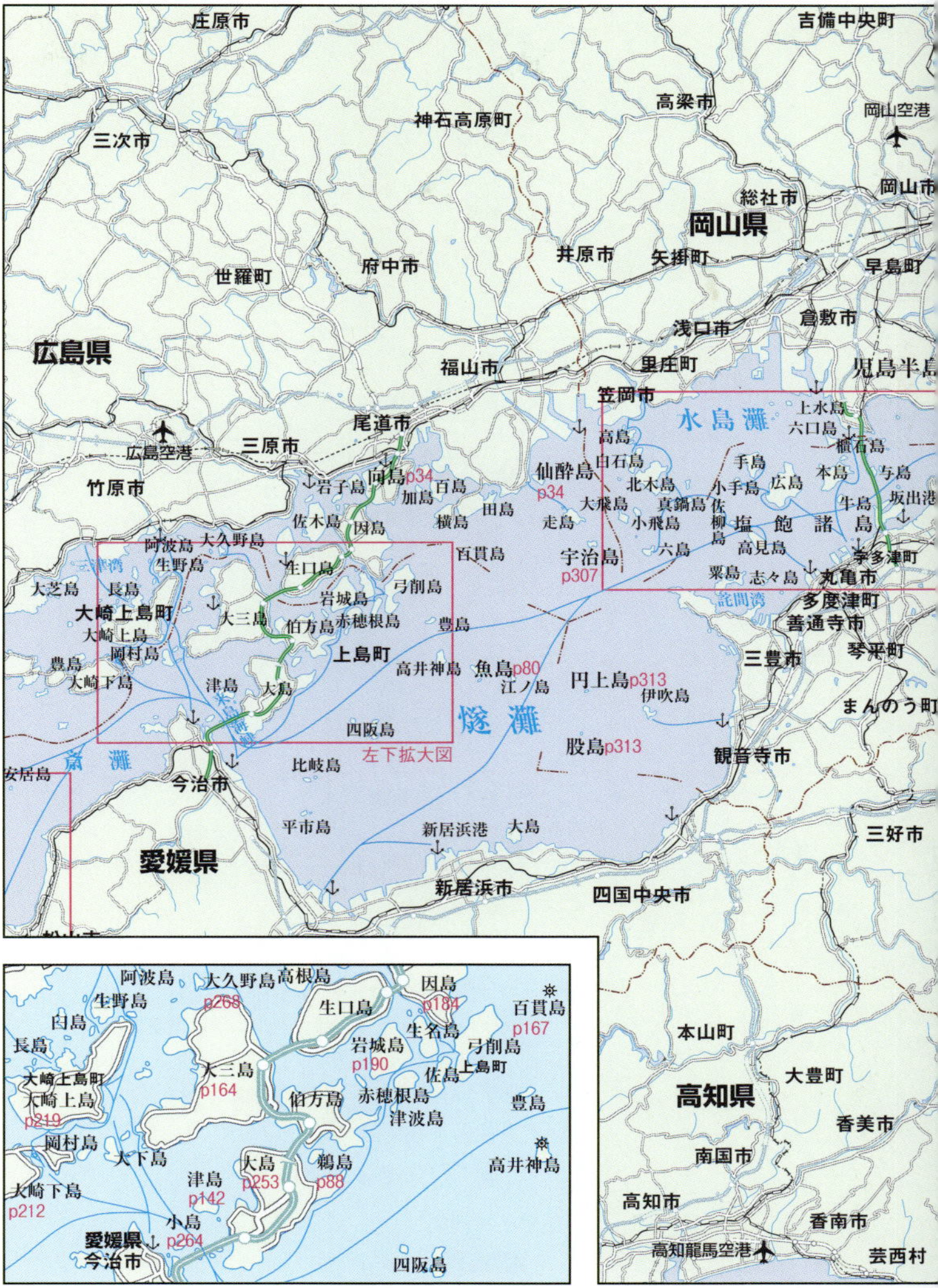

庄原市
吉備中央町
高梁市
岡山空港
神石高原町
三次市
岡山市
総社市
岡山県
井原市
矢掛町
府中市
世羅町
早島町
倉敷市
浅口市
広島県
福山市
里庄町
児島半島
笠岡市
水島灘
上水島
六口島
尾道市
広島空港
三原市
高島
櫃石島
白石島
手島
本島
与島
向島p34
仙酔島
北木島
小手島
広島
竹原市
岩子島
百島
p34
加島
大飛島
真鍋島
佐柳島
牛島
坂出港
佐木島
横島
田島
走島
小飛島
塩飽諸島
因島
阿波島
大久野島
宇治島
六島
高見島
宇多津町
三津湾
生野島
生口島
百貫島
p307
粟島
志々島
丸亀市
大芝島
長島
弓削島
詫間湾
多度津町
岩城島
大崎上島町
大三島
伯方島
赤穂根島
豊島
善通寺市
大崎上島
上島町
三豊市
琴平町
豊島
岡村島
高井神島
魚島p80
江ノ島
円上島p313
大崎下島
津島
大島
伊吹島
来島海峡
まんのう町
燧灘
四阪島
斎灘
股島p313
観音寺市
左下拡大図
安居島
比岐島
今治市
平市島
新居浜港
大島
三好市
愛媛県
新居浜市
四国中央市
阿波島
大久野島
高根島
因島
p268
p184
百貫島
生野島
生口島
p167
臼島
生名島
長島
岩城島
弓削島
p190
上島町
大三島
佐島
大崎上島町
p164
大崎上島
伯方島
赤穂根島
豊島
p219
津波島
岡村島
大下島
高井神島
津島
大島
鵜島
大崎下島
p142
p253
p88
p212
小島
愛媛県
p264
今治市
四阪島
本山町
大豊町
高知県
香美市
南国市
高知市
香南市
高知龍馬空港
芸西村

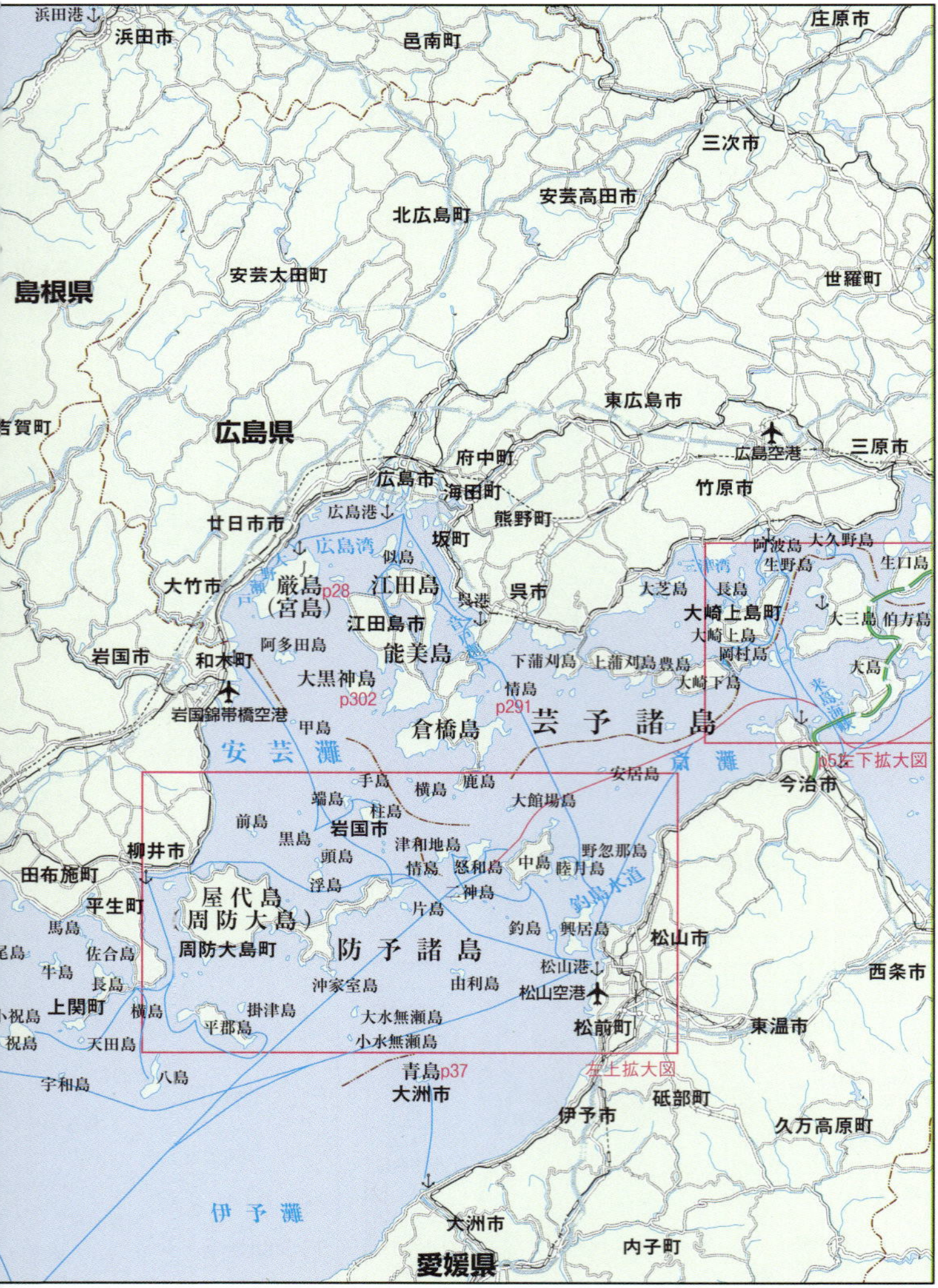
浜田港
浜田市
邑南町
庄原市
三次市
安芸高田市
北広島町
安芸太田町
世羅町
島根県
東広島市
吉賀町
広島県
広島空港
三原市
府中町
広島市
海田町
竹原市
広島港
熊野町
廿日市市
広島湾
坂町
阿波島
大久野島
似島
生野島
生口島
大竹市
厳島
（宮島）
p28
江田島
呉港
呉市
大芝島
長島
大崎上島町
大三島
伯方島
江田島市
大崎上島
阿多田島
能美島
岡村島
岩国市
和木町
下蒲刈島
上蒲刈島
豊島
大島
大黒神島
大崎下島
p302
情島
p291
岩国錦帯橋空港
甲島
倉橋島
芸予諸島
来島海峡
安芸灘
燧灘
p5左下拡大図
安居島
今治市
手島
横島
鹿島
端島
大館場島
柱島
前島
岩国市
黒島
津和地島
野忽那島
柳井市
頭島
情島
怒和島
中島
睦月島
田布施町
浮島
釣島水道
屋代島
二神島
平生町
（周防大島）
片島
馬島
釣島
興居島
松山市
尾島
防予諸島
周防大島町
佐合島
牛島
松山港
西条市
長島
沖家室島
由利島
上関町
松山空港
小祝島
横島
掛津島
大水無瀬島
平郡島
東温市
祝島
天田島
松前町
小水無瀬島
青島
p37
左上拡大図
八島
宇和島
大洲市
砥部町
伊予市
久万高原町
伊予灘
大洲市
内子町
愛媛県

安居島
手島
鹿島
端島
横島
大館場島
柱島
岩国市
前島
黒島
津和地島
p138
柳井市
頭島
怒和島
中島
p38
睦月島
野忽那島
情島
大崎鼻
浮島
二神島
p38
赤崎
釣島水道
屋代島
（周防大島）
p247
片島
堀江湾
小市島
周防大島町
釣島
p178
興居島
p36
防予諸島
松山港
山口県
由利島
松山市
沖家室島
柳井市
掛津島
大水無瀬島
平郡島
小水無瀬島
益田市

角島
長門市
山口県
山口市
美祢市
蓋井島
下関市
周南市
仙島
徳山下松港
黒髪島
下松市
防府市
藍島
六連島
山陽小野田市
向島
大津島
徳山湾
光市
宇部市
笠戸湾
竹島
佐波島
笠戸島
宇部港
山口宇部空港
野島
p148
大水無瀬島
福岡県
北九州市
北九州空港
苅田町
周防灘
行橋市
姫島
姫島村
宇島港
豊前市
吉富町
築上町
豊後高田市
国東市
中津市
国東港
上毛町
国東半島

はじめに

瀬戸内海の島々は、楽しく、おもしろく、美味しく、興味深くて、愛しい。

しかし、どれも控え目で、奥ゆかしい。

屋久島や西表島、利尻島・礼文島、小笠原などのように、圧倒的な自然があるわけでもなく、南西諸島の多くの島々のようにきらめくサンゴ礁があるわけでもない。

派手さや特異性が少ないので、地味な印象を受けることが多いのも事実だ。

しかし、知れば知るほどその奥深さに引きずり込まれてしまう。

古来、中国大陸や朝鮮半島から九州にもたらされた文物や新技術、渡来人、農作物は、瀬戸内海を通って畿内へ運ばれ、そこからさらに東へ散っていった。

国内最大の物流ルートも、瀬戸内海だったと言えるだろう。

その巨大な流れの中にあった多くの島々は寄港地となり、さまざまな足跡が印されることになった。今や判然としない痕跡でも、じっくり観察すると浮かび上がる。

果てしなく積み重ねられた歴史や文化は、島に深く関わるものにだけしか、素顔を見せようとしない。出しゃばりな瀬戸内島々愛好者が、内海のシャイな島人に成り代わり、具体的な出来事や場所や人を交えて、その多様な魅力を語ったのが本書だ。

当初は、この一冊で語り尽くすつもりだったが、伝えたい島々の表情があまりにも豊か過ぎ、ごく一部しか伝えることはできなかった。

それでも、これだけの分量になった。

瀬戸内の島々の懐が、いかに深いか想像してもらえるだろう。

個人宅なので載せられなかったが、島の家々に眠る幻影にはしばしば驚かされた。日中国交回復前に購入したパンダの剥製。与謝蕪村や池大雅が遊びに来た時に、お礼に書き残していったという俳画。極彩色で精緻な枕絵は、嫁ぐお姫様用だったのか。歩いていれば、ひょこりとそんなものに出会うことがあるのが、瀬戸内海の島々だ。

瀬戸内海やそこに浮かぶ島々に少しでも興味があれば、どこから紐解いてもかまわない。心惹かれたテーマから、読んで欲しい。もちろん、最初から読み通してもいい。島の美味や島食材三昧、ひたすらのんびり、猫島めぐり、花追いの島歩き、廃墟的な景観、日本の歴史の一コマ、魅力的な街並み、人と関わりの深い無人島などなど。

ここぞという島があれば、一度訪ねて欲しい。必ずや自分なりの発見があるだろう。

目次

高見島浦集落の小路

総扉：小手島から北木島に沈む夕日を望む

カバー写真
大：粟島城山より
小上：小与島
小下：野島の猫

第三章 魅力別・行ってみたい島……105

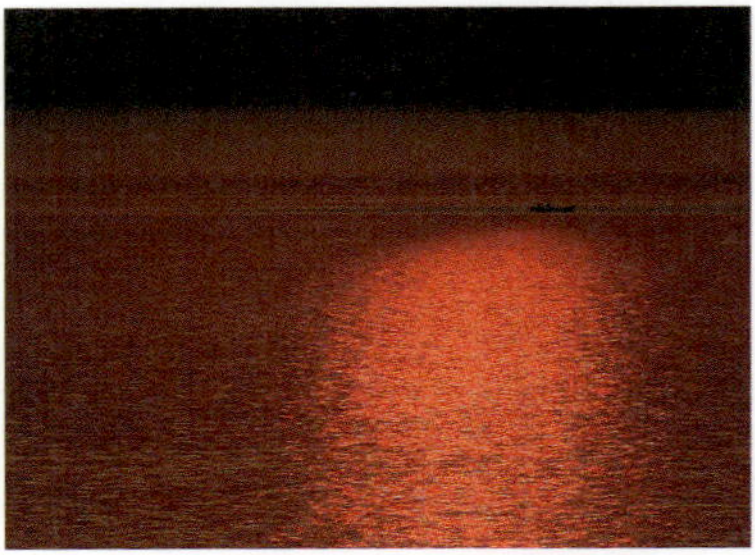
夕映えの海を船が一艘ゆく

序章

瀬戸内海について

瀬戸内海とは

意外に面倒な瀬戸内海の定義

瀬戸内海という言葉で表される地域は、自明の理のように思われるが、実際どこからどこかということになると、一筋縄ではいかない。定義によって、微妙に変わってくるからだ。筆者は、漠然と東側は明石海峡と鳴門海峡、西側は関門海峡と豊予海峡で囲まれた内海と思っているが、地図を眺めていて一番納まりがいいからという、きわめて個人的な理由しかない。そもそも、瀬戸内海という括り方すらずいぶん新しい考え方らしい。

——区域の認識に多少の違いはあるにせよ、日本人が瀬戸内海をひとつのまとまった地域と捉えはじめたのは江戸後期のころであり、そして「瀬戸内海」という語を用いはじめたのは明治初年のころであり、さらにひとつのまとまり〈瀬戸内海〉が定着するのはおよそ一〇〇年ぐらい前の明治後期のころであったと思われる。

名著『瀬戸内海の発見』（中公新書　1999年）の著者西田正憲氏は同書の中でそう

最初に瀬戸内海国立公園に指定された塩飽諸島

備讃瀬戸東部。中央右は直島諸島

語っている。それまでは、大きな海域のとらえ方として、播磨灘《はりまなだ》や備後灘《びんごなだ》、燧灘《ひうちなだ》、伊予灘《いよなだ》、周防灘《すおうなだ》など灘という概念はあったが、連なる灘を総称する「瀬戸内海」は存在しなかった。

では、法律的に見た場合どうなるのか。ぼくの個人的で狭い瀬戸内海の概念に、大阪湾と紀伊水道の一番狭まった所から北側の海域を加えたていどになるようだ。以下しばらくは、法文の引用を羅列したものなので、読み飛ばしてもらっても構わない。

「瀬戸内海環境保全特別措置法」には、瀬戸内海の定義として、以下のようにある。

――第2条、この法律において「瀬戸内海」とは、次に掲げる直線及び陸岸によつて囲まれた海面並びにこれに隣接する海面であつて政令で定めるものをいう。1、和歌山県紀伊日ノ御埼灯台から徳島県伊島及び前島を経て蒲生田岬灯台に至る直線。2、愛媛県佐田岬灯台から大分県関埼灯台に至る直線。3、山口県火ノ山下潮流信号所から福岡県門司埼灯台に至る直線。

後に、次の地域が追加された。

――1、愛媛県高茂埼から大分県鶴御埼に至る直線及び陸岸によつて囲まれた海面。2、山口県特牛灯台から同県角島通瀬埼に至る直線、同埼から福岡県妙見埼灯台に至る直線及び陸岸によつて囲まれた海面。

2に至っては、瀬戸内海とは感じられないが、法文にはこうある。

「漁業法施行令第27条」でも、ほぼ同じく次に掲げる直線及び陸岸によって囲まれた海域と定められている。

――1、和歌山県紀伊日ノ御埼灯台から徳島県伊島及び前島を経て蒲生田岬灯台に至る直線。2、愛媛県佐田岬灯台から大分県関埼灯台に至る直線。3、山口県火ノ山下潮流信号所から福岡県門司埼灯台に至る直線。

また、「領海及び接続水域に関する法律施行令」には、瀬戸内海と他の海域との境界として、詳細な数字が並んでいる。

――1、紀伊日ノ御埼灯台（北緯33度52分55秒東経135度3分40秒）から蒲生田岬灯台（北緯33度50分3秒東経134度44分58秒）まで引いた線。2、佐田岬灯台（北緯33度20分35秒東経132度54秒）から関埼灯台（北緯33度16分東経131度54分8秒）まで引いた線。3、竹ノ子島台場鼻（北緯33度57分2秒東経130度52分18秒）から若松洞海湾口防波堤灯台（北緯33度56分28秒東経130度51分2秒）まで引いた線、とある。

①筆者が漠然と思う瀬戸内海の範囲

②「瀬戸内海環境保全特別措置法」による瀬戸内海の定義

③「漁業法施行令第27条」
④「領海及び接続水域に関する法律施行令」による定義

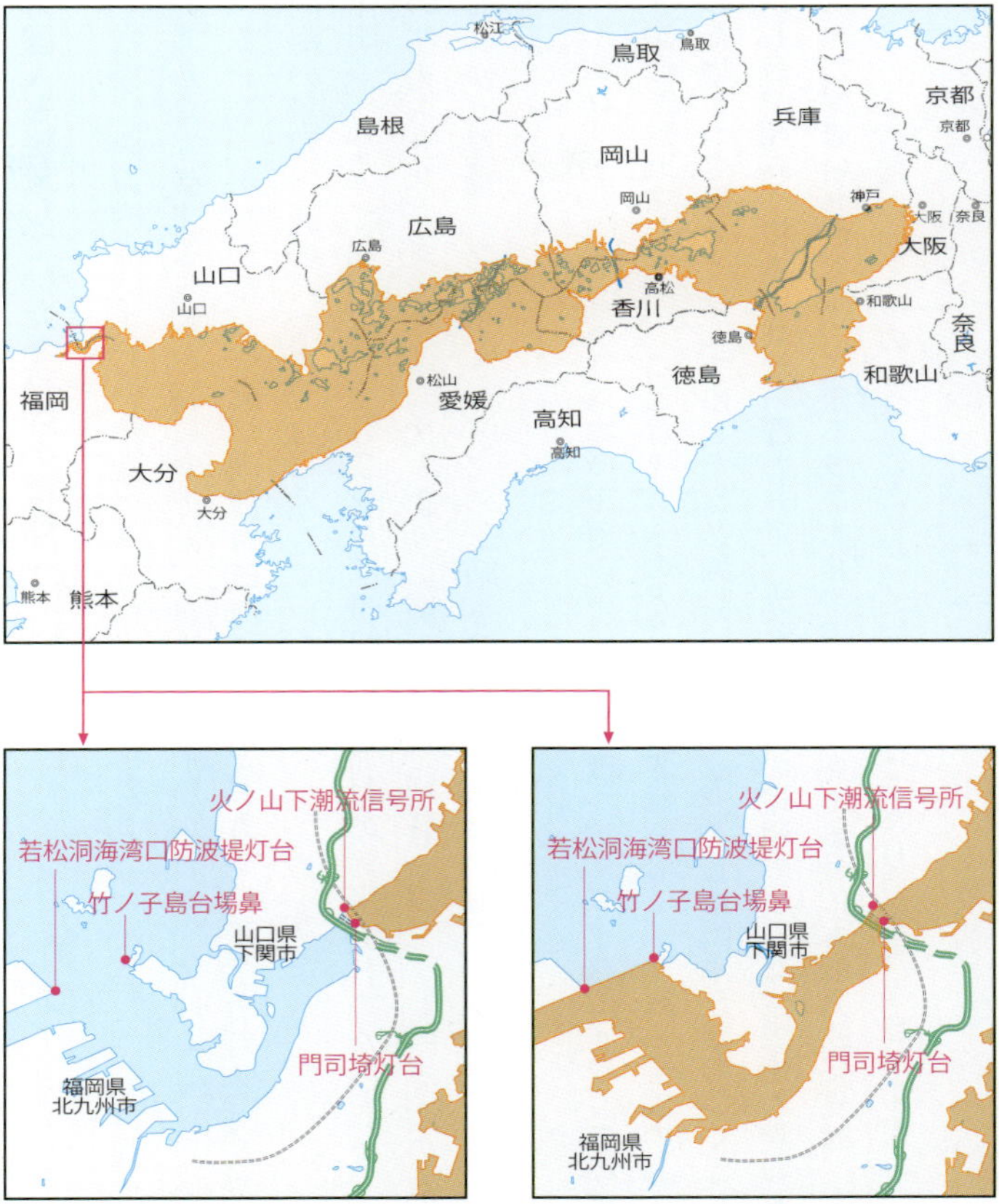

③「漁業法施行令第27条」

④「領海及び接続水域に関する法律施行令」

③と④はほぼ同一の範囲であるが、関門海峡周辺の範囲に相違がある。

外国人も絶賛していた瀬戸内の景観

古来、瀬戸内海の美しい景観は多くの外国人を惹きつけてきた。朝鮮通信使たちは、鞆の浦から一望する景観を特に愛でて、日東第一形勝（日本一素晴らしい景勝）と絶賛している。シーボルトなど、瀬戸内海を航海することがあった江戸期の外国人の多くも、瀬戸内海の景観を褒めたたえ記録に残している。

明治になって間もない1872年、世界一周旅行の途中で日本を訪れた、世界の旅行業の開祖トマス・クックは、次のように瀬戸内海を絶賛し、どこか一カ所の点景ではなく、移りゆく風景（シークエンス）の素晴らしさが、瀬戸内海の醍醐味だと語っている。

――私は、イングランド、スコットランド、アイルランド、スイス、イタリアの湖という湖の殆ど全てを訪れているが、ここはそれらのどこよりも素晴らしく、それら全部のもっとも良いところだけとって集めてひとつにしたほど美しい。奇妙な形をした山や丘陵のいくつもの集合は、どれも藪や茂みや樹木に豊かに覆われて、光り輝く緑の絨毯のような空隙地と調和を保ち、それらのたたずまいが間を縫って走る狭い水路や湾や入江をあまりにも魅力的に見せ、もっと奥を見たいという誘惑に耐えるのは容易でなかった。我々はあまりに豊かな自然の恵み、次々に移り変わって終わることの知らない景観の美しさに呆然としてしまった。（『トマス・クック物語――近代ツーリズムの創始者』ピアーズ・ブレンドン著、石井昭夫訳　中央公論社　１９９５年）

日本を代表する優れた景観が認められ、１９３４年に雲仙、霧島と並んで、瀬戸内海は日本で最初の国立公園に指定された。当初は、香川県屋島や小豆島、岡山県牛窓《うしまど》から広島県鞆《とも》の浦《うら》、香川県三崎（荘内半島）までの備讃瀬戸《びさんせと》周辺に限定された指定だった。その後、１９５０年に淡路島周辺から周防灘・姫島に至る陸域主要部が追加指定され、さらに１９５６年には六甲山、国東《くにさき》半島等の陸域及び紀淡海峡、関門海峡などの海域も追加指定され、ほぼ現在の瀬戸内海国立公園の形が整った。地域は1府10県におよび、陸域だけで約６７０００ヘクタール、海域も入れると90万ヘクタールを超す国内で最大の国立公園となっている。

そして、無人島も含めた多くの島々の一部、あるいは全部が国立公園に指定されている。有人島だけ見ても、80以上の島々が国立公園となっている。本州や四国本土からの景観ももちろん素晴らしいが、やはり内海に散りばめられた無数の島があってこその絶景だ。本土から島へ、島から島へ、自在に動き回り、時にはゆっくりと滞在し、気に入った島に出会ったら四季折々の島時間を味わい、充実した島旅を楽しんで欲しい。

ここまで、さんざん瀬戸内海と島々の魅力を語ってきたが、まだ日本人全体の認識になっていないような気がして仕方ない。瀬戸内国際芸術祭やサイクリストの聖地として世界から注目されはじめたしまなみ海道、訪日観光客から強い支持を受ける安芸の宮島など、徐々にその価値は再認識されはじめているが、まだまだだ。有名な観光の島や聖地だけではなく、普通の暮らしが光る場所が瀬戸内の島々だ。ぜひ自分の足で訪ねて、魅力を見つけて欲しい。

鞆の浦對潮楼に伝わる日東第一形勝の書

塩飽諸島と笠岡諸島

第一章

瀬戸内海・島旅の楽しみ方

【初級編】日帰りで島を楽しむ

気軽に渡れる島が多い瀬戸内海

島旅を楽しむために神様が創造してくれた場が、瀬戸内海ではないか。

そう思いたくなるほど、変化に富んだ表情をみせてくれる島が連なり、点在している。そして、比較的本土から近く、海も穏やか。もちろん、激しい潮流が渦巻く場所も多いし、荒れることもある。それでも、例えば首都圏と比べたら雲泥の差だ。

首都圏で本土から近くて、簡単に渡れる島といえば、横須賀沖の無人島猿島、熱海《あたみ》沖の初島、房総鴨川沖の仁右衛門島《にえもんじま》くらいしかない。初島までの所要時間は25分だが、往復で2600円もする。仁右衛門島は、鴨川まで行くのが大変だ。

それ以外に、首都圏で島らしい島となると、伊豆諸島、そして小笠原と、難易度が急に増してしまう。近年、東京から大島を経て神津島《こうづしま》までジェット船が就航したので、大島まで1時間45分で行けるようになった。時間的には日帰りも十分可能だが、片道7660円(2016年7月現在)。LCCで成田から瀬戸内の高松・松山・広島へ飛ぶのと、ほぼ同じ金額だ。普通の客船は、東京を23時に出て、大島到着は翌朝5時。片道の運賃は

5120円（2016年7月現在）と、それほど安い訳でもないし、最低船中に1泊しなくてはならない。

要するに、首都圏で島に行こうとすると「よし！　島へ行くぞ！」と、気合を入れる必要があるのだ。伊豆諸島は財政的に恵まれた東京都下にあり、港湾の整備も進み、港の状況が今一つの利島、御蔵島、青ヶ島などは、隣の大きな島とヘリコミューターで結ばれているから、交通的な不便さは際立たないが、冬場の3島はトカラ列島並みの厳しさだ。


それに比べると、瀬戸内の船はまるでバスのような感覚で使われている航路が多い。大きなクーラーボックスを持ち、高価なブランド釣り具やウエアで武装した獲る気満々のアングラーには腰が引けるが、お手軽な釣竿を担ぎ雪駄履きで自転車に乗り、そのまま島へ釣りに行くオジィさんや粗末な釣り道具や竿を大事そうに抱えて船に乗る少年たちの姿は、微笑ましい。

町のスーパーでまとめ買いしたのだろう、重たそうなコロコロバッグを引いてフェリーに乗り込んでくるオバァさん。結婚式の帰りなのか、引き出物の入った大きな袋をぶら下げた、千鳥足のお父さん。学校帰りの高校生たち。病院帰りと思しいお年寄りたち。そんな人たちがみんな一緒の船に乗り合わせている風景は、ほのぼのと心温まる。

大都会の電車でもそんな人たちは乗り合わせるが、乗ってくる駅も降りる駅もみんなバラバラ。船は、同じ港から乗り合わせ、同じ港で降りることが多い。そして、顔見知りが会釈し合う。船に乗るともう島、という雰囲気に包まれることもよくある。

陸続きであれば、かなり離れていても歩いて行くことができる。しかし、目的地までの間に絶対的な水域である海が割り込んでくると、たとえ100メートルでも越えがたい障壁になる。そこを船に乗って渡る時、あたかも別の世界に踏み込むような興奮を覚えるだろう。

例えば、JR西日本宮島フェリーならば、宮島口《みやじまぐち》駅から歩いて数分でフェリー乗り場だ。通常ダイヤ(※)でも、1日53往復。日中は、ほぼ15分間隔で運航している。多客ダイヤなどでは、もっと便数が増すし、大晦日から元旦にかけては終夜運航となる。また、宮島口9時10分発から16

嚴島神社大鳥居

※多客ダイヤでは68往復(2016年夏ダイヤ)

時10分発までの便は、所要時間は変わらないが、世界的に有名な大鳥居に最接近する大鳥居便となる。これだけ便利で、片道10分、180円。さらに、宮島松大汽船《みやじままつだいきせん》もほぼ同じような条件で、旅客便と自動車航送便を合わせて1日71往復も運航している。大都会の鉄道でも、ここまで便利な路線（航路）は少ない。首都圏在住の島好きからすると、羨ましいこと限りない。

パノラマデッキに出て移りゆく海の表情と近づいてくる宮島の景観を眺めているだけで、心が浮き立ってくる。小さな船旅、島旅入門の初級コースにふさわしい航路だ。1日2往復、3往復して船旅、島旅を楽しんでも、時間も船賃もたかが知れている。目的地自体が世界遺産に登録されており、嚴島神社《いつくしまじんじゃ》を中心とした文化的な見どころに富み、さらに標高535メートルの最高峰弥山《みせん》は、素晴らしい眺望も開ける上に、瀰山原始林《みせんげんしりん》もある。

弥山の魅力については、1913年ベルリン大学の世界

眺望も素晴らしい弥山（みせん）山頂

大元公園のモミ原生林。宮島

的植物学者アドルフ・エングラー博士が、ヤマグルマやマツブサなど植物系統学上貴重な植物をみて、「できるならば一生ここに住んでここで死にたい」と語ったという逸話があるほど。

瀰山原始林は、ツガ林とカシ類を伴うアカマツ林から構成され、瀬戸内海の島に残る極相林（これ以上変化しない安定した状態の森）として貴重だという。

7世紀以降、神の島として崇められてきたため、他の島に比べて自然がよく残っている。水田がなく里山化されず、本来の植生がよく残されたという。また、多くの希少種がありながら、植物の種類も豊富なのが宮島の大きな特徴だ。

自然だけが弥山の魅力ではない。弥山本堂、霊火堂、三鬼堂、大日堂、文殊堂、観音堂、水掛地蔵堂、奥の院、御山神社などの古刹。806年、大聖院を開創した弘法大師が修行の際に焚いてから燃え続けている霊火きえずの火をはじめ、錫杖《しゃくじょう》の梅、曼荼羅岩、干満岩、拍子木の音、しぐれ桜、龍燈の杉の弥山七不思議など、文化的な見どころも満載だ。

海岸沿いの大元公園の上まで降りると、冷涼な気候が好きなモミの大木が繁っている。中国地方では300メートル以上の山地に多く、海岸線のモミ原生林は極めて稀だ。針葉樹が主役で薮の少ないすっきりした風景は、ヨーロッパの整備された公園を思い起こさせてくれる。

バリエーションに富んだ日帰り島旅

離島からさらなる小島へという、レアな島旅もある。

近年アートの島として世界的な注目を集める直島《なおしま》の古くからの主邑本村《しゅゆうほんむら》のすぐ前に、向島《むかえじま》という人口十数人の小島がある。そこに、かつて島の集会所だった建物を利用した風変わりな宿がある。その名も、向島集会所。清潔に努めていても、老朽化した建物なので不都合も多ければ、虫もでる。日本人ですら誰も知らないような島へ、最近ネットで島の存在を知った珍しい物好きの欧米人が、よく来て連泊するようになったという。

本村から向島まで、直線距離で100メートルほど。指呼の間の海を、宿主のよっちゃんが操る自家用船に便乗させてもらって渡った。年間100回は船に乗っているぼくでも、2分足らずの航海で心が躍った。定期航路のない島へ、便乗で渡してもらうというシチュエーションがワクワ

直島本村から望む向島

　＊向島集会所URL：http://mukae-jima.com

ク感を掻き立ててくれたのだろう。

最初に記したように、瀬戸内海はその朝に思い立って「ちょっと島旅」が、無理なくできるところが多い。初級者向きの小さな島旅を、いくつか挙げてみよう。もし、気になる島や航路があれば、すぐにも「ちょっと島旅」してみてください。ちなみに、「島別編」で取り上げている大久野島《おおくのしま》（P268）、小島《おしま》（P264）・馬島《うましま》・来島《くるしま》からなる来島諸島《くるしましょとう》、志々島《ししじま》（P112）なども、日帰り島旅向き。


姫路から1日16〜17便出ている家島は、入り組んだ港に多くの船が停泊し、いかにも島らしい風情が漂う。島なのに鮮魚店がけっこうあり、ほとんどが生きた魚というのが凄い。島で獲れた魚は、ふつう本土の市場に運ばれ、島で販売されることは少ないからだ。島のうまい魚介類を堪能したければ、独創的な料理（要予約）も食べさせてくれる割烹旅館「志みず」がお勧め。

志みずのご主人によれば、家島をじっくりと楽しむには、いえしまコンシェルジュ中西和也さんに「いえしまガイド」を頼むといいという。お手軽なおさんぽコースや地元の人に料理を習いながらの島ごはん。その他、カヌー体験や竹はしづくり体験、島のオバァちゃんたちと「やっとこまかせ」という独特の盆踊り体験などを、アレンジしてくれる。

＊志みず：姫路市家島町宮85 TEL079-325-0777
（URL：http://www.shimizz.com）

家島の位置図

家島の割烹旅館志みず

基本的には生きた魚を扱う家島の鮮魚店

＊「いえしまコンシェルジュ」
URL：http://ieshimacon.com

家島港

古い家並みが残り『崖の上のポニョ』の舞台ともいわれる鞆の浦の眼前に浮かぶ仙酔島は、自然景観が刻々と変化する遊歩道があり、食事処や宿泊施設、日本初のデトックス洞窟蒸し風呂「江戸風呂」もある。鞆の浦から渡船が1日40往復していて、日中は1時間にほぼ3便ある。所要時間は5分ほどで往復240円。鞆の浦を訪れた時、足を伸ばすといい。

狭い海峡を挟んで尾道の前に横たわる向島《むかいしま》（P31とは別）には橋も架かっているが、今も渡船が行き交い地元の人たちに愛用されている。尾道駅前と富浜（所要5分、100円）、尾道土堂と小歌島（所要3分、60円）、尾道土堂と兼吉（所要4分、100円）を結ぶ3航路が、今も現役で頑張っている。運航間隔は10分に1便といったところだが、ぼんやり眺めていると休みなく行ったり来たりしているように見える。それだけ頻繁に行き来しているのだ。

同じ尾道土堂でも、小歌島と兼吉へ行く船の乗場は離れている。

船で渡って向島のどこへ行きたいか決まっていれば別だが、駅前から尾道水道に沿って繁華街のある東の方へぶらぶら歩いていくと、いつも動き回っている渡船が嫌でも目に付くので、すぐに分かる。尾道観光の途中に小さな船旅を楽しんで、海峡越しに尾道の街を望むのも一味違って楽しい。

●仙酔島

仙酔島の遊歩道

仙酔島

仙酔島で行われる鞆の浦観光鯛網のショー

鞆の浦～仙酔島航路図

●尾道

駅前と向島富浜を結ぶ渡船

尾道～向島の航路図

道後温泉まで行った時、ちょっと島旅気分を味わいたければ、伊予鉄道の終点高浜駅前から興居《ごご》島《しま》へ渡るといい。1日に高浜と泊の間は20往復、高浜と由良の間は12往復している。見どころは、由良に近い高戸山展望台や、由良と泊の間にあり秋の大祭に奉納される「船踊り」が愛媛県の無形民俗文化財に指定されている和気比売神社など。標高282メートルの小富士登山もいいが、途中の眺望は開けるものの、山頂からの眺めは期待できない。

目的ある日帰り旅は事前に情報収集を

これまでは、島へぶらりとどうぞ！　というスタンスで紹介してきたが、はっきりと目的を持った日帰り旅もある。最近、特に増えているのが猫見の島旅。島別編でも何島か紹介したが、他に有

フェリーから望む興居島の小富士

興居島

興居島行きのフェリー

名な猫島として愛媛県長浜沖に浮かぶ青島《あおしま》がある。

ぼくが最後に渡った9年前（２００７年）は１日3往復していたのに、人口が減り現在は2往復になってしまった。一方、猫見客は増える一方。瀬戸内海といっても外洋に近いので周辺は荒れやすく、船も小さいためしばしば欠航する。また、定員も限られているので、乗船できない場合もある。ぶらり旅なら、残念乗れなかった！　で終わりだが、明確な目的がある場合は、事前に情報収集（一番いいのは現地に直接問い合せること）しておいた方がいい。

青島とその位置

猫たちと看護師の赤丸さん。９年前の青島

【中級編】島に泊まって島時間を堪能

一夜過ごして見えてくる島の素顔

まだサラリーマンを辞める前、全国の県庁へよく顔を出していた時期があった。本来なら、仕事の前後は県庁所在地のビジネスホテルに1泊となるのだが、極力近くの島へ行って泊っていた。ビジネスホテルは味気ないし、一人で飲みに行くのも好きではない。

島の民宿や旅館に泊まれば、旬の地の食材を使った料理が出てくる可能性が高いし、宿の人が話好きならいろいろな島情報を得ることもできる。時には、お好きなら一緒に一杯傾けましょうということもある。なによりも、島に泊まるだけで満足だった。

愛媛県庁や松山市役所に用があった時は、何回か忽那諸《くつなしょ》島《とう》の二神島《ふたがみじま》や中島の民宿に泊まった。二神島のオバァさん

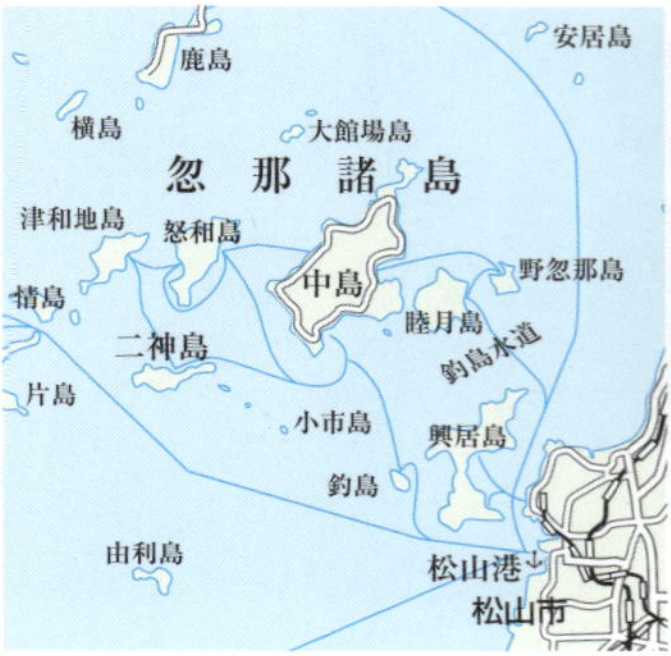

毎年5月下旬から6月上旬に観察される中島のヒメボタル

がやっていた民宿では、これまで食べたことのないような立派なアジの刺身と塩焼きが並んだ。関アジに匹敵する質の高さだった。１匹を半身ずつ別の調理法で出してくれたのだが、アジのうまさを十分堪能することができた。中島の民宿は工事関係の人が多く、日頃全く縁のない土木関係の話を興味深く聞いたこともある。

岡山県庁で午前中の打合せがある前の晩、岡山市内唯一の有人島犬島（Ｐ２８０）に泊まって、翌朝青ざめた。海は一面深い霧に閉ざされ、船で10分ほどしかない対岸の宝伝《ほうでん》地区はもちろん、犬島《いぬしま》そのものも白い闇の中だった。まさか、前日仕事でもないのに島に泊まっていて、打合せに行けませんという訳にはいかない。

宿の人に慌てて確認すると、あっさり「レーダーがあるから大丈夫。船は動くから」と言われて、胸をなでおろした。いい気なものだが、問題がないと分かってしまえば、一転していい思い出になる。

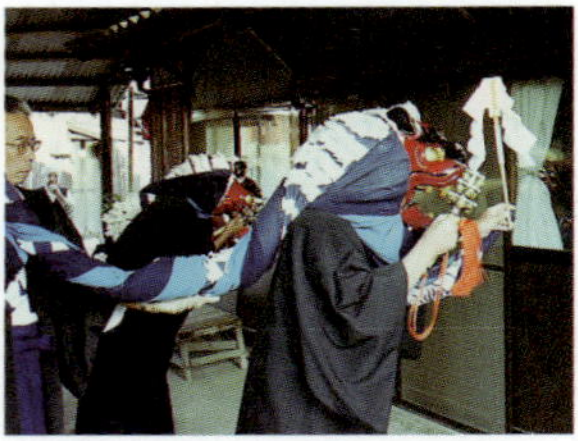
毎年10月犬島を訪れる伊勢大神楽

金曜日の午後、香川県庁へ出向いた時は、男木島《おぎじま》の民宿に泊まり、翌日はAランクの保存灯台である男木島灯台や、細い坂と路地が入り組んだ集落をゆっくりと巡った。

　わざわざ島に泊まるには、先に記した以外にも大きな理由がある。黄昏時、真夜中、黎明など、泊まることなしに体験できない島時間があり、その時々特有の表情を垣間見せてくれるからだ。例えば、島から見る夕日や夕映え、日が落ちていく時の集落の翳り、街灯があまりない上に人口が少ない島では、満天の星を仰ぐことは当たり前。天の川を雲と見間違える人がいるくらい、星が近く見えることもあるし、流星群が来なくても星がよく流れる。

　そして、爽やかな朝ぼらけの海や朱に染まってくる雲と海、そして朝日。長らく宿がなかった志々島（P112）にこの春試泊した時、星空と対岸の詫《たく》

夕焼けの男木島集落

間《ま》や多度津《たどつ》の灯り、降り注ぐような星々に圧倒された。美しい星空は、各地で見慣れているが、やはり初めて夜を迎える島の星空は一味違って見えた。酔い覚ましに、かなり夜空を仰いでいたように思う。

今度泊まる時は、真夜中の大楠を訪ねてみたい。できたら、夜空を星が覆い尽くす夜か、満月が皓皓と輝く時に。

朝は朝で、ふつう讃岐冨士と称される飯野山《いいのやま》と同じく特徴的な山容の天霧山《あまぎりやま》と弥谷山《いやだにやま》の間から、讃岐平野に散在する山々を浮かび上がらせながら昇る朝日には、見とれてしまった。これも、島に泊まればこその得難い眺めだった。

牛島の小浦から眺める、瀬戸大橋や坂出の工業地帯、宇多津のゴールドタワーなども、夜は昼と全く違った趣きで、妙に遠くの世界を見ているような錯覚に襲われる。

写真左上：独り夕日に輝く宇多津のゴールドタワー。左下：牛島から望む夜のゴールドタワー

また、昼間には目にすることのない島人の営みも、泊まれば出会うこともある。早朝の漁港での水揚げ風景などがその典型だろう。漁村の朝は早い。サラリーマンが出勤はおろか、起きだす頃には一仕事終えている漁師も多い。

最後の旅館が閉じて久しかった安居島《あいじま》に、新たに漁家民宿ができたと聞いて泊りに行ったことがある。沖合に点々と連なる忽那諸島を背に、夜大小の船が行き交う風景も新鮮だったが、翌朝船の甲板にドンと生簀が据えられ、数十匹の鮮魚（アジ？）が勢いよく泳いでいたのには、知らない安居島の横顔を見たように感じた。

夏場なら、夜光虫やウミホタルの妖しい光も楽しめる。ウミホタルの光の方が強くねっとりした感じだ。波打ち際で青白く光るウミホタルを掬って、砂浜に叩きつけたり刺激すると、一際明るい光を放つ。神秘的な光を放つウミホタルの人気は高いが、漁師にとっては憎き天敵でもある。妖しい光を放つ獰猛な肉食生物は、網にかかった魚の鰓《えら》などから体内に入ったり、皮に取りついたりして、せっかく掛かった魚を食い荒らしてしまうのだ。塩飽諸島《しわくしょとう》周辺ではヒケと呼んで、漁師たちは大変に嫌っている。

いつも夜は飲んだくれて寝てしまうので、瀬戸内海の島では実行できていないが、冬の夜の漁りも泊まればこそできるお楽しみだ。ある島の診療所に勤める看護師さんたちから、「アワビが7個とサザエはバケツに一杯、それにタコが3匹」

船上に設けられた簡易生簀で活魚を運ぶ。
安居島

夕映えの海。安居島

広島茂浦の夜景。月に浮かび上がるタバコの乾燥小屋

小手島の夕日

と、先週の未明島人に連れて行ってもらった漁りの成果を、楽しげに聞かされたこともある。

アサリでも取るように魚を掘り獲ると聞いたら、首を傾げるだろう。まだ夜の明けやらぬ11月の4時半過ぎ、真鍋島《まなべじま》（P131）で、泊まっていた宿の主人に起こされた。

「そこで、ギザミ（ベラの仲間のキュウセン）を掘っている」

首都圏ではまったく人気がないキュウセンだが、地域によっては評価が高い。

特に、瀬戸内海では珍重している土地が多く、いい値段で取引されている。だから、ギザミを狙う釣り師もいる。他に、砂に潜って寝ているギザミを掘り獲る珍しい漁もあるとは聞いていていた。

大潮の干潮で大きく引いた浜辺へ飛んでいくと、島人が波打ち際をヘッドランプで照らし、熊手で砂を引っかいていた。脇でじっと観察していると、驚いたギザミが砂の中からピョンと飛び出す。すかさず、それをタモ網で掬って、袋にポン。ギザミにすれば青天の霹靂かもしれないが、なんともユーモラスな漁だ。ザッザ、ぴょん、パッ、て感じ。

最後の方は、ずいぶんディープな話になったが、泊まらなくては出会えない島の顔が、無数にあるということを知って欲しい。なにもなさそうな島でもいい。一度島の夜を過ごして、爽やかな朝を迎えてみてはどうか。きっと、新たな何かを感じるだろう。

ウミホタルに齧られたシタビラメ

ウミホタル

広島の茂浦海岸で花火を楽しむ

手島自然教育センターでBBQ

ギザミ掘り。真鍋島福良浜にて

【上級編】船を駆使して自由自在

海上タクシーを使いこなす

瀬戸内海の島旅を続けていると、無性に船で自由気ままに駆け巡りたい欲望に突き動かされることがある。同じような衝動に駆られた首都圏に住む友人に「じゃ、船舶免許を取ったら」と無責任にけしかけたところ、わざわざ瀬戸内まで出向いて講習と試験を受け、2カ月半後に「これが、船舶免許」と目の前に差しだされたこともあった。

しかし、ぼくのように実行力のない人間は、海上タクシーを利用するのが確実で手軽だ。油代が馬鹿にならないので、チャーターする時は何人か集まって相乗りするようにすれば、けっこう安上がりに、そして効率的に島遊びを楽しむことができる。それに、免許を持っていても、操る船を借りたり買ったりはまた別の話になる。

小与島に停泊中のセトカゼ

チャーター船の強みは、なんといっても航路で結ばれていない島から島へ自由に移動できること。市町村の境なんか問題ではないし、県境なんてちっぽけな人間が引いた線に過ぎない。四国と中国の間も、気軽に行ったり来たり。

ただし、港に勝手に接岸することはできない。今、空いている場所でも、定期船が来るかもしれないし、出漁中の漁船が舫《もや》う場所かもしれない。地元の海上タクシーなら、その辺の掟にも通じているので心配ない。

定期船のない島々巡り

去年の暮れの一日、瀬戸大橋が架かる与島《よしま》周辺の定期航路のない小与島《こよしま》と松島、無人化してしまった釜島《かましま》の3島を巡った。大半は、真鍋島から乗船したのだが、前日日生諸島にいたぼくは、与島フィッシャーマンズワーフ（廃業済み）の港で拾ってもらった。

ついでなので、与島の友人Tさんに声を掛けたところ、

今回のチャーター便の舞台

行ってみたいと前日に参加が決定した。
児島からバスに乗って、予定通り９時50分にフィシャーマンズワーフバス停に到着。港まで歩いていくと、どんどん近づいてくる白い船影が見えた。最近、よくお世話になっている瀬戸内海ボートクルージングＦＵＪＩＷＡＲＡのセトカゼだった。与島のＴさんが、いつの間にか姿を現した。着岸した船で、船長の藤原雅樹さんが手を振っている。

ぼくらが乗り込むと、すぐに小与島を目指して出航した。小与島は、瀬戸大橋によって切り捨てられた島だ（詳細な事情はＰ２８６参照）。よそ者が渡ろうとすると、チャーター船かマイボートで行くしかない。小与島の浮桟橋では、最近まで島で採石していた中野三郎さんが迎えてくれた。Ｔさんは何回も来ているようで、中野さんと親しげに話している。

結果的には、Ｔさんがガイドを務めてくれ、小与島を巡った。島人でないと絶対わからないような踏み跡を草をかき分けながら登って行くと、島を一望できる高みにでた。採石場の上に当たる

小与島の採石場にできた池。彼方に瀬戸大橋が

小与島

らしく、足下には石を採った穴に水が溜まってできた大きな池が幾つも連なり、その向こうには真っ白な壁にオレンジ色の屋根をのせた南欧風のリゾートホテルが、聳えている。

海を挟んだ彼方には、瀬戸大橋と鷲羽山ハイランドが見えた。瀬戸大橋の眺望を楽しむには、最高の立地だ。8人の参加者のうち6人が初小与島なので、今度は大きな池の間を縫ってリゾートホテルまで行ってみることにした。

港まで戻って池の方へ歩き出すとすぐに、高さ10メートルはありそうな岩のオベリスクが目に飛び込んできた。採石場と採石場の境が、両側から削られて塔のように残ったのだ。いわば境界の名残り。

オベリスクと化した採石場の境界。小与島

その先の小径を真っ直ぐホテルへ向かおうとしたら、Tさんに止められた。最近は雑草が繁り途中で道がなくなっているので、海岸線を行こうという。

最初は白砂の浜だった海岸線は、やがて岩場になった。手足をうまく使わないと、海に転げ落ちそう。一人がこけて、膝と肘を擦りむいた。なかなか、ハードな道行だ。これなら、薮漕ぎの方がよかったのではないか。と思っていると、ホテルの近くにでた。

遠目にはお洒落に見えた南欧風リゾートも、近くまで行くと荒れ果てている。8年前に来た時、まだそれらしい面影のあったテニスコートも、薮に覆われようとしていた。

廃墟と化したアクア小与島

ワイルドな海岸を元リゾートへ向かう。小与島

小与島の集落

「ホテルは、4、5年くらい営業していたように思う。オープンしたのは、大橋開通の翌年くらいだったかな。3階の豪華な部屋は、当時で1泊7、8万円という噂でした」

と、その時案内してくれたHさんが言った。島人と縁が薄かったからか、ホテルアクア小与島に関する人々の記憶は曖昧で、営業せずに廃業したと思っている人も多かった。

小与島の次は、真北にある無人島釜島へ。15分足らずで、いかにも瀬戸内海らしい白砂の釜島海水浴場沖に到着。人気の海水浴場だったが、ずいぶん前にサメ騒動があってから、訪れる人がいなくなり衰えてしまった。

錆びた桟橋が突き出している。潮位の関係か、8年前に上陸した時よりも桟橋に取りつくのが大変そう。尖端からなんとか攀じ登り、敷かれた竹の床を踏み抜きそうな桟橋を、恐る恐る伝ってやっと釜島に飛び降りた。

ここでまた、飛び入り参加のTさんが、砂浜で何かを探し

釜島から望む瀬戸大橋

釜島の海水浴場に上陸

ていたかと思うと、黒い欠片を拾い上げた。鏃だという。いつのものか定かではないが、この上の小高いところには藤原純友の居城跡があり、それと関係あるかもしれないという。その気になって探すと、それらしい欠片が見つかった。ついでに、石炭の破片まで落ちていた。釜島の周辺で石炭が出るという話は、聞いたことがない。

そこで、妄想が膨らんでいく。

この辺は、筑豊炭田で採掘された石炭を京阪神の工業地帯へ運んでいた船の主要航路だった。もしかしたら、この周辺で遭難した石炭運搬船があり、その形見が釜島の浜に打ち寄せられるのかもしれない。そんな妄想に長く浸っている間もなく、薮にぽっかり開いた隙間に進入すると、中には意外に明るい空間が広がっていた。

しばらく行くと、島名の由来になったという塩竈神社があり、その先には民宿かましまと思われる木造2階建てがたたずんでいた。傍らには、思いの外大きな池もある。T

釜島で見つけた鏃と土器の破片

さんによれば、この辺から東海岸にかけては、水田が広がっていたという。現在でも水が不足しがちな島にあって、水田か。先人たちの苦労には頭が下がる。釜島を西から北へ抜けて、北海岸で簡易な係留施設を発見。これだったら、無理して西から上陸する必要もなかった……。瀬戸大橋の眺望を堪能しながら岩場を巡り、西海岸の船に戻った。

最後に訪れたのは、釜島の西1キロほどに浮かぶ文字通りの小島で、面積8ヘクタールの松島。現在の人口は2人だが、港の前の一等地には倉敷市立下津井西小学校・下津井中学校松島分校の校舎と雑草が生い茂る校庭が残されていた。

藤原純友が活躍した時代は、ここにも水軍の城があり、島全体が要塞だったという。村上水軍の能島や来島の大きさを考え合わせると、これくらいが当時城を構えるのにちょうどよい面積だったのだろう。

民宿かましまの建物

民宿かましまの案内板が残っていた

松島の港にて。大きな建物は元校舎

うまそうな干しダコ。松島

小路を通って純友神社へ向かう途中、庭いじりをしている島人にTさんが声を掛けた。遠縁に当たる人だという。これで入島の儀式は済んだ。

瓦屋根がやや傷んでいる純友神社に参り、西側の高台にある別荘らしき建物の脇を通って、産土荒神《うぶすなこうじん》にもお参り。岬の突端から、瀬戸大橋の絶景を堪能して港へ戻った。

その後、Tさんを与島で降ろし、そのまま持参したパンや弁当を与島の浮桟橋で広げ、ビールなどを傾けつつ遅い昼食をとっていると、真鍋島で宿をしている友人が、近づいてくる船を見て言った。

「最近、うちに泊まりに来てくれた人の船だ」

彼らは、セトカゼの反対側に接舷した。

友人とお客さんは、思いがけない場所での再会を喜び、2艘のメンバーが一緒になり、どこからともなくワインや吟醸酒が現われ、宴会がはじまった。小島・無人島巡りの最後を飾るのにふさわしい、邂逅だった。

松島の純友神社

松島の路地

真鍋島を起点に、与島、小与島、釜島、松島、与島と巡った今回のチャーター料は、3万円だったが、参加者8人で割ると1人3750円。

真鍋島から公共の交通機関を使って、与島まで来ると片道で3480円。人数さえ集まれば、とても安上がりにマニアックな島巡りができることが、分かってもらえると思う。

こんな島巡りをしたい、逆にどこかお勧めに島や味どころを紹介して欲しいという人は、瀬戸内海ボートクルージングFUJIWARAのウェブサイトを見るか、藤原雅樹船長に直接問い合わせて（TEL090・2827・3387）欲しい。

松島の西端から、瀬戸大橋を一望

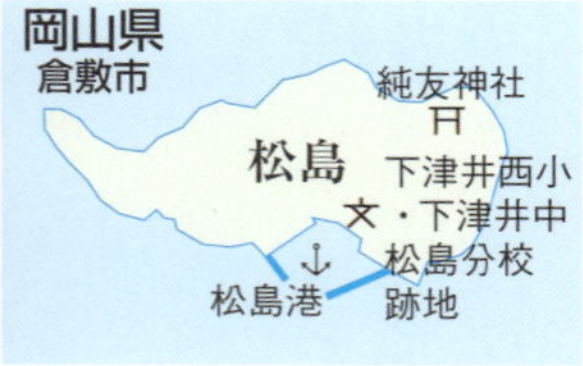

松島

与島の浮桟橋で、思いがけない宴会がはじまった

第二章

島旅を楽しむための基礎知識

島へ行こう・知る（情報収集）

図書館で「シマダス」を見てみよう

ネットで何でも分かる時代になったように思っているが、ネット上に漂っている貴重な情報にたどりつくには、キーワードを知っている必要がある。例えば、ミカン蔵（倉）。年末までに収穫したミカンを端境期に出すため保管しておく倉庫で、ミカンの産地ではよく見かける建物だが、名前や作られた目的を知らないとなかなか調べようがない。

ネットで調べるにもさまざまな予備知識があった方が、より深く知ることができる。そのための手掛かりを得るには、いくつか手段がある。一つは、「るるぶ情報版」などの、旅行情報誌。また、雑誌で島旅特集などをした時に読んで、必要そうなものは保存しておいてもいいだろう。

瀬戸内海の島だけではなく、全国の有人島と主な無人島を網羅した「日本の島ガイド『ＳＩＭＡＤＡＳ（シマダス）』」（日本離島センター刊）という、日本の島の百科事典的な本がある。島に多少でも興味があるなら、ぜひ購入をと勧めたいところだが、残念ながら品切れになったままで、新しい版は未だに刊行されていない。新版発行の計画はあるよう

※「日本の島ガイド『SIMADAS(シマダス)』」は、完売で現在改訂中です。

だが、いつになるか分からない。1万部を優に超えるベストセラーだったので、近くの図書館にある可能性も高い。興味のある人は、手に取って欲しい。情報が網羅的に盛り込まれているので、意外な知識を得ることができるかもしれない。ただ、最新刊が2004年なので、データ的（特に人口など）に古くなっているものもあるので、その辺は自分で補いながら使わなくてはならない。

読みようによっては、かなりの情報を与えてくれるのが、地図だ。ネットが使えれば、グーグルのマップや衛星写真などで、かなりの情報を収集できる。現地へ行く前から、およそ想像できてしまう。それがいいのかどうか。どのていど利用するか加減する必要があるだろう。また、日本の基本図である国土地理院の地図も、ネット上で簡単に閲覧できるようになっている。集落が幾つあるのか。島の最高点へ行く道があるのか。高さはどのくらいなのか。島同士の位置関係はどうなっているのか、水田や畑はあるのか、あるいは郵便局や学校はあるのか、などなど。ていねいに観察すれば、膨大な情報を読み取れる。

地元の観光協会や市町村の観光関係部署を利用するのも、いいだろう。キーワードが分からず、ネットで調べられないようなものでも、直接現地へ問い合わせ、会話することにより、手掛かりを得られることも多い。また、時間に余裕を見て頼んでおけば、地図や観光パンフレットを送ってくれることもある。

旅先で暇ができた場合（ぼくの場合は船の待ち時間や、雨であまり動き回りたくない時）、図書館の郷土図書コーナーをのぞいてみると、思いがけない発見をすることもある。郷土図書にはいろいろな種類があるので、釣り、歴史、植物、郷土料理、祭り、自然、民俗、音楽などなど、自分の興味がある分野のものを見るといい。

調べていくもよし 予備知識なしもよし

網羅的な情報が盛り込まれたものに、市町村誌・史がある。大崎下島《おおさきしもじま》（元豊町《ゆたかまち》、現在は呉市）に全国でも珍しい柑橘専修学校があったことや、ミカン栽培が盛んになる前は、モモが特産品だったことなどは『豊町史』で知った。丸亀市の手島《てしま》にタングステン鉱山があったことも、図書館で資料（書名は忘れた）をめくっていて知った。人によって引っかかる記事は違うだろうが、思いがけない情報が眠っていることもある。

ここまで、さんざん情報収集の手段を書き連ねてきて、どんでん返しをするわけではないけれど、余計な予備知識をなしに島に降り立つ、というのも一つの面白さがある。余計な知識（先入観）があると、どうしてもそれに縛られて、自分の感性で素直に島を見たり、感じたりすることができなくなるから。

訪ねる島のさまざまな魅力をできるだけたくさん楽しみたければ、やはり事前に情報収集しておいた方が見落としは少ない。しかし、思わぬ出会いや発見は、予備知識なしでぶらりと訪れ、自分なりのアンテナを高く掲げて歩き回った方がいいかもしれない。いくつもの島を巡っていると、それぞれ自分の島歩きのスタイルというのができてくる。とりあえず、いくつかの島を自分の納得できる方法で歩いてみる、これが第一。

「日本の島ガイド『SIMADAS(シマダス)』」の広島紹介ページ

『豊町史』

上島町の観光パンフレット

島へ行こう・渡る

事前に調べた方がよい渡航情報

橋が架かっていない本当の島の場合、基本的には船で渡ることになる。船の時刻を調べる手段として、インターネット、ＪＴＢやＪＲの時刻表、旅行ガイドブック、直接地元の観光協会や自治体の観光担当部門に問い合わせる、などが考えられる。小さな島への船は便数が少ないので、最新情報を得ておかないと、旅程に多くの支障をきたすことがあるので、要注意だ。

人が住んでいる島の多くは、定期船が通っているが、有人島にもかかわらず、定期船のない島もある。例えば、岡山県の黄島《きしま》（Ｐ２９６）、黒島《くろしま》、石島《いしま》、松島《まつしま》（Ｐ53）、六口島《むぐちじま》（Ｐ63）、香川県の向島《むかえじま》、屏風島《びょうぶじま》、牛ヶ首島《うしがくびしま》、小与島《こよしま》（Ｐ２８６）、愛媛県赤穂根島《あかほねじま》、比岐島《ひきじま》などだ。石島と直島諸島の向島と屏風島を除くと、いずれも人口一桁の極小島だ。向島は、直島《なおしま》の本村港《ほんむらこう》まで船で１、２分。石島と屏風島は漁業集落で、ほとんどの家が自家用船を所有し、本土との往来には困っていないという（本当は、定期船就航を諦めているように感じるのだが）。

しかし、旅人がこれらの島へ渡ろうとすると、なかなか難しい。「食べる」で紹介する六口島は、宿2軒だけの島で、食事や宿泊をする場合は、渡船(送迎)込の料金となっているので、まだ渡りやすい。赤穂根島は長らく無人島だったが、岩城島《いわぎじま》から柑橘類を作りに通っている人が多く、冬の収穫期にはミカンを積んだトラックを運ぶためフェリーが臨時就航していた。そんな無人島に10年ほど前移り住んで農業をやっている夫婦がいるが、逆に他の人たちの耕作放棄地が増えたため冬場のフェリーも通わなくなり、今は自家用船で往復しているという。定期船の就航情報(特に小さな島)については、人口の減少などによって便数が変わりがちなので、行く直前に改めて確認した方が確実だ。

定期船は辛うじて運航しているものの、小豊島《おでしま》や呉市の情島《なさけじま》のように平日しか運航していないことも

六口島の港と民宿の渡船

ある。また、旅人は乗ることができない定期船もある。竹原から東邦亜鉛の工場がある契島《ちぎりじま》（P110）へ行く便は、会社の関係者しか乗船できない。新居浜から住友金属鉱山の工場がある四阪島《しさかじま》（工場は稼働しているが、住人はいない）へ通う船も、通勤者のみだ。また、庵治大島《あじおおしま》（P273）の記事で触れるが、予め許可を得ておかないと乗船できない航路もある。

小豆島小江《おえ》の沖にあるその名も沖島《おきのしま》への渡船は、一応時刻表があるものの行けばすぐに渡してくれることが多い。四国の多度津と本州の笠岡を結ぶ航路のように、どんどんやせ細って週1便になってしまいながらも辛うじて生き残っている航路もあると思えば、直島～豊島《てしま》～犬島のように四国と本州の島を繋ぐ航路が新たに登場することもある。

有人島でも定期航路がない島が少なからずある一方、大阪湾の入口に浮かぶ要塞の島友ヶ島《ともがしま》や成ヶ島、鞆《とも》の浦《うら》の沖に位置する仙酔島《せんすいじま》、荘内半島沖の大蔦島《おおつたじま》、旧北条市（現松山市）の鹿島《かしま》など、無人にも関わらず定期船が就航している島もある。観光

竹原と契島を結ぶあさぎり。関係者のみ乗船可能

小豆島小江から沖島へ通う渡船

性が高いため船が通っているのだが、曜日や季節によって運行状況が大きく変化することもあるので要注意だ。

例えば、成ヶ島の航路は、「金曜・土曜・日曜・月曜、午前9時〜午後5時（冬季午後4時）運航。休業日は、定休日が火曜・水曜・木曜、年末年始（12月29日〜1月4日）、お盆（8月13日〜8月16日、その他臨時休業日」となっている。この微妙に揺れ動くような就航日や就航時間の変動は、無人島だけではない。どこの定期航路でも多かれ少なかれ見かける揺らぎだ。

読み解くと面白い船の時刻表

最近よく通っている丸亀と広島・小手島・手島を結んでいる備讃フェリーの時刻表を読んでみよう。まず、フェリーと客船の2種類の船が運航していて、所要時間は倍くらい違う（運賃は同一だが）ことが分かる。一方、三洋汽船の笠岡〜真鍋島航路のように、同じ客船が運航しているのに、快速（主要港にのみ寄港）が普通運賃の倍近くするケースもある。寄港の順番は、

鞆の浦と仙酔島を結ぶ平成いろは丸

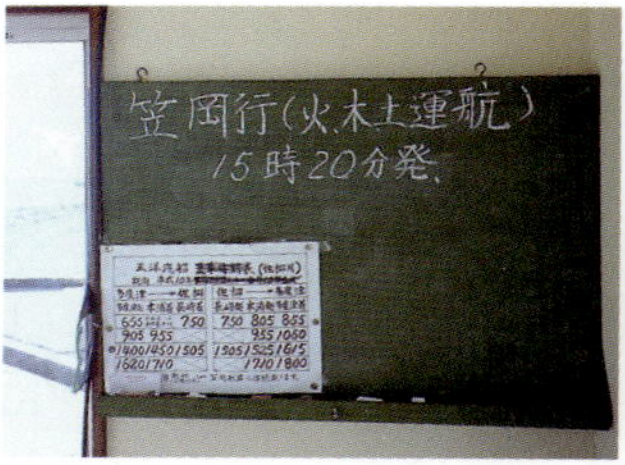

佐柳島から真鍋島へ行く船が、まだ週3便あった（1998年）

丸亀〜江の浦間は不動だが、その他が微妙に変化しているのは、寄港地間の不公平感を多少なりとも減らすための努力だろう。

　また、以下のように曜日によって細かな変更もある。（木）は木曜日のみ運航、（木除）は木曜日以外の日（月・火・水・金・土・日）に運航、（金）は4月1日から9月30日の金曜日のみ運航、（金除）は4月1日から9月30日の金曜日を除いて運航するが、10月1日から3月31日は毎日運航。地元の利用者は慣れているが、旅人にはなかなか読み解きにくい。

　ついでに、同じ丸亀と本島・牛島を繋いでいる本島汽船の時刻表も見てみよう。この航路もフェリーと客船が就航していて、所要時間が異なることが見て取れる。丸亀

●備讃フェリー　下り

※オレンジ色はフェリーでそれ以外は客船です。
※上り便で乗下船という意味。

（木）……木曜日のみ運航
（木除）…江の浦〜手島は木曜日除いて運航
（金除）…10/1〜3/31 毎日運航、4/1〜9/30 金曜日除いて運航
（金）……4/1〜9/30 金曜日のみ運航

丸亀	江の浦	甲路	青木	小手島	手島
6:05	6:50	→	(8:10)	(7:50)	7:25
6:50	7:11	（上り便で乗下船してください）			
7:40	8:01				
9:25	10:10				
	10:15（木）	→	10:41（木）	10:57（木）	11:15（木）
11:10	11:32	→	11:45（木除）	11:55（木除）	12:05（木除）
14:10	14:31				
15:00	15:45	→	16:10	16:26	16:45
17:30（金除）	17:51（金除）				
17:30（金）	17:52（金）	→	→	18:15（金）	18:25（金）

●備讃フェリー　上り（一部）

※下り便丸亀6：05発は最初に手島に行って、手島から7：30発の上り便で広島の江の浦に行ける。

手島	小手島	青木	甲路	江の浦	丸亀
				7:15	7:36
7:30	7:50	8:10	→	8:35	9:14

※2016年7月現在。便、航路は変わることもあります

と本島の間に位置する人口10人の牛島に絞って時刻表を読んでみよう。一見すると、丸亀から牛島へは1日1便、牛島から丸亀へは1日2便しかないように思える。

しかし、よく見ると丸亀7時40分発の客船は、本島経由で牛島に寄港するから、朝も丸亀から牛島へ渡ることができる。また、丸亀発16時30分の本島行きは、本島で牛島往復便に接続している（実際は同じ船に乗ったままでいい）ので、夕方も丸亀から牛島へ行くことができるようになっている。その折り返し便で本島へ渡り、17時10分発のフェリーに乗れば夕方も牛島から丸亀へ出てくることもできる。さらに、牛島12時25分発で本島へ行き、12時35分発のフェリーに乗り継ぎ丸亀へということも可能。

●本島汽船

☆印は客船

丸亀	牛島	本島	本島	牛島	丸亀
6:10	—	6:45	6:50	—	7:20
7:40	—	8:15	☆8:30	8:36	8:50
10:40	—	11:15	9:40	—	10:10
☆12:10	12:25	12:30	12:35	—	13:05
15:30	—	16:05	☆14:15	14:21	14:35
☆16:30	—	16:50	17:10	—	17:40
☆18:15	—	18:35	☆17:50	—	18:10
☆20:00	—	20:20	☆19:30	—	19:50

本島	牛島	本島
☆16:52	16:58	17:03

※2016年7月現在。便、航路は変わることもあります

だから、実際は丸亀から牛島へは1日3便、牛島から丸亀へは1日4便あるということになる。これも、事情を知らないまま時刻表を眺めていると、読み落としがちな情報だ。ちなみに運賃は、丸亀—牛島が480円、丸亀—本島は550円。そして、本島を経由しても牛島—丸亀間は480円。移動距離は長いけれど、運賃は安いということになっている。

生活に密着したチャーター船

定期航路があっても、チャーター船（海上タクシーや釣り船）で渡るという選択肢もある。いくつもメリットがあるからだ。自分の好きな時間に渡ることができる。チャーターした人間だけで自由に行動できる。人数が集まれば、定期船よりも安上がり、など。

国や県から補助金を受け取って赤字航路を維持し続けている船会社のことを考えると想いは微妙だが、手軽にチャーター船を使えるようになれば、島々が活性化するのではないか。

備讃フェリーのしわく丸

牛島から丸亀行に乗船

また、島旅をする時に避けて通れないのが、欠航の危険性だ。瀬戸内海は、太平洋などの外海に比べれば、はるかに穏やか。その分小さな船が主流なので、欠航することも少なくない。外海なら就航するのではと思われるような海況でも欠航しがちなので、時間に余裕がない時は直接船会社や地元の人に相談しておいた方が無難だ。

そんな時や夜間に急患が出た時なども、チャーター船（特船と呼んだりする）の出番だ。島人にとって海上タクシーは必要不可欠な存在であるにもかかわらず、船長の高齢化に伴い減少しているため、不安を感じている人も多い。

観光的な活用事例としては、「瀬戸内海・島旅の楽しみ方」の「上級編」を参照して欲しい。

一時代を担った島人の足・渡海船

最近まで、多度津と佐柳島《さなぎじま》の長崎を結んで、徳丸という渡海船（トーカイと称された）が運航していた。現在は船長が体調を崩し休業中で、存続が危ぶまれている。もしかしたら、これが瀬戸内海で最後の渡海船（松山市の中島周辺に残っている可能性はあるが、未確認）かもしれないと思うと、万感の思いが胸に迫る。

各島に拠点を置く渡海船は、戦前から航路整備が進む昭和40年代50年代まで、多くの島が点在する瀬戸内海で、人の移動はもちろん物流も支えていた。現在、定期船を運航する船会社の多くが、源流は渡海船に発していると言えるほど。

渡海船は海を渡る便利屋さんで、買い物の代行もすれば、島の農産物の出荷も担った。まだ、島で土葬が主流だった時代は、本土の病院で亡くなった遺体や葬式に必要な一切を、島へ運ぶこともあった。

特に、目の前に多くの島々が浮かぶ今治港や三津浜港と往来する船が多く、最盛期の内港は渡海船で溢れかえったという。最後まで渡海船を守り続けた人たちに共通するのは、自分の島に寄与するという思いだろう。かつてはそれなりに儲かっただろうが、この10年あるいは20年、儲かっていたとは思えない。

多度津と佐柳島長崎を結ぶ渡海船徳丸

他での稼ぎを注ぎ込んで、渡海船を維持してきたのだ。

人力で渡る選択肢もある

ぼくはまだ挑戦していないが、アウトドア派の友人たちに勧められるのは、シーカヤックやカヌーを操っての訪島や島から島へ渡り歩くこと。白石島《しらいしじま》の民宿はらだなどのように、瀬戸内海を人力で縦横無尽（特に東西方向に横断）に行き来する人たちがよく立ち寄る場所には、情報が集まっている。興味があれば、チャレンジして欲しい。

橋が架かっている島に関しては、徒歩、自転車、バイク、路線バス、クルマなど選択肢が豊富で、本土と同じ感覚で対応できるので、アドバイスめいたことは控えよう。

ただ一つ付け加えるなら、しまなみ海道へ行ったならば、一部分でいいから自転車や徒歩で移動して欲しい。特に、長大橋を自力で越えていく時、まるで空中や海上はるかを歩いて（走って）いるような雄大な気分に浸ることができる。お勧めです。

瀬戸内へ――LCCの活用

瀬戸内の人はともかく遠隔地に住む人は、瀬戸内海の島を旅するには、まず瀬戸内まで行かなくてはならない。そうなると、アクセスの負担が馬鹿にならない。

しかし、2013年12月、革命的な出来事があった。ジェットスターが成田――高松間に就航したのだ。その後、成田と松山（ジェットスター）、広島（春秋航空）の間にもLCCが飛ぶようになり、首都圏と瀬戸内の経済的な距離は飛躍的に縮まった。それ以外の地域からだと、関西――松山間にピーチが就航しているくらいだが。瀬戸内に行くという観点では、残念ながら首都圏以外にはまだLCCの恩恵は及んでいないが、首都圏の人はぜひ利用して欲しい。東京から成田までが遠くて高いと思っている人は、東京駅から成田行きのリムジンを利用してはどうか。片道1000円ほど、所要時間も渋滞がなければ60分から70分となっている。高松へLCCが飛びはじめた頃、ANAやJALと客層が全く違っていた。乗客で埋まった機中を見渡すと、ANA・JALはビジネススーツ姿の人が大半で、黒っぽい。一方LCCの方は、全体を見渡すと色とりどり。一人旅の若い女性や幼児や子どもを連れたお母さん、若い家族、旅慣れしたオバちゃん3人連れなど、ビジネス客以外が大半。

それまでに、ぼくは少なくとも2000回は飛行機に乗ったが、3人掛けで両側とも一人旅の若い女性というのは、LCCに乗って初めて経験した。LCCのチケットもいくつかのランクがあり、安さを重視したクラスは実質的にキャンセルできない（しても、払い戻されない）ので、それを前提に購入する必要がある。筆者も、とりあえず激安のバーゲンチケット（成田――高松1990円～、などという値段で発売されることもある）を確保したものの、都合が悪くなって使わずに放棄したことも、一度ならずある。それらのリスク分を含めても、LCCは安い。先日、急用ができて高松空港に駆けつけJALの羽田便に飛び乗った時に支払った金額は、片道で33390円（ジェットスターは5590円～）。改めて、LCCのありがたさを実感した。ただ、2、3カ月前に予定を立てることができるなら、ANAやJALでもかなり割り引いた航空券を入手できる。どちらを選ぶかは、一長一短あるのでそれぞれの好みだろう。また、首都圏から瀬戸内へ行くのに、飛行機を利用しなければならないわけでもない。鉄道や高速バス、フェリー（東京～徳島）でもいいし、家からクルマでという選択肢もある。ただ、ここではLCCの就航によって、瀬戸内と首都圏の経済的距離が飛躍的に小さくなり、ひいては瀬戸内海の島々がとても身近な存在になったことを強調しておきたい。

島へ行こう・買う

小島には店がないと思うべき

都会暮らしをする人も、大きな島ならそれほど不便を感じないが、小島へ行くと一挙に買い物難民になる可能性が高まる。特に、都市に住む若者たちは、自分がいる場所にコンビニは遍在すると思っているようで、郵便局や漁協農協の事務所がなくても違和感は抱かないが、コンビニがないことにはビックリするらしい。人口が数十人の島にコンビニがないと平気で驚く若者には、こちらの方で驚かされる。小さな店の1軒すらないことが多いというのに。

コンビニのように電気を使う施設を作り豊富な品揃えをしたら、たとえ小規模でも1日かなりの売上がなくてはやっていけない。多くの若者にとってのコンビニは、今やどこからか勝手にやってきて当たり前の、電気や水みたいな存在になっているのかもしれない。

それはさておき、ここではスーパーやコンビニがない人口規模の小さな島を中心に話を進めたい。島へ行って店で何かを買いたいという時は、おおよそ3つの場合が考えられるだろう。1つは、飲物やお菓子がちょっと欲しい。次は、食事代わりになる弁当やカップ麺、菓子パンなどがないか？　そして、何か土産を買いたい。

飲物ならば、港などに自販機くらいはあるので、そこで手に入れればいい。いつの間にか店が1軒もなくなっていた大飛島《おおびしま》では、港の自販機にビールが入っていて、暑い夏の日に喉を潤すことができて、深く感謝した。定期船の通わぬ比岐島《ひきじま》にも、夏はマイボートや海上タクシーで海遊びに来る人がいるそうで、島人も自販機くらい設置したいと考えていた。しかし、自家発電のため24時間電気が使えるわけではなく、自販機を置くこともできないと嘆いていた。ちなみに、人口4人の比岐島ではプロパンガス冷蔵庫を使っている。

店が1軒もなくなってしまった魚島《うおしま》で、島おこし協力隊員によって店が復活された話は、P80に詳しく乗っているので、参照して欲しい。

ワクワクする島の雑貨店探索

小島に残っている小さな雑貨店は、お年寄りが地域のためにと頑張り辛うじて存続しているケースが多い。例えば、昨年（2015年）9月に訪ねた人口20人しかない山口県端島《はしま》の亀田商店。切り盛りするのは、1930生まれの亀田ヤエコさんだ。ご主人が存命の頃は、簡易郵便局も兼ねれば、食料品や雑貨はもちろん、船の燃料や灯油などまで、頼まれれば何でも扱っていた。

今はずいぶん縮小したそうだが、それでも島人がよく買うお菓子や飴、カップ麺の他に、卵、パン、コンニャク、ニンジン、小豆、味噌、醤油、角砂糖、パン粉、天ぷら粉、片栗粉、マヨネーズ、昆布、うどん、素麺、ソースなどの食品ばかりでなく、洗濯洗剤、台所用洗剤、蚊取り線香、ばんそうこうまで置いていて、品ぞろえの充実ぶりに驚かされた。

近頃は、通院で岩国へ出た時に買い物（大手スーパーが安価な宅配サービスをしている）してくる人が増えて、物が売れなくなっているという。それでも、ヤエコさんは、

「年じゃし、やめたいと思うこともありますが、元気な間は続けていくつもりです」

島への宅配サービスは、地元商店を圧迫する一方、体力が衰えたお年寄りにはありがたいサービスで、利用している人も多いし、サービスを拡大するスーパーも増加している。また、近年ではネットで買い物をする人も増えている。特に、若い移住者などは積極的にアマゾンやその他通販を使いこなしている。

亀田商店の内部。端島

亀田商店外観。端島

島人の買い物事情について綴ってきたが、島の店には旅人にとっても思いがけない発見が眠っていることもある。皮のベルトで肩からぶら下げるアルマイトの水筒が、倉庫の片隅に眠っていたある店で、試しに店頭に並べたところ旅人たちに大受けで、すぐ売り切れたという。

　その話を思い出したのが、讃岐広島の青木にある天野ショッピングセンター。外観がだいぶ疲れたたたずまいだし、中も薄暗い。しかし、島のショッピングセンターを名乗っているだけあって、えっ？　こんなものまで？　という雑貨も並べていた。

　一体いつ製造されたものなのか、缶に入った鳥もちや竹製の鳥かごには感動し

天野ショッピングセンターの内部

天野ショッピングセンターの外観

竹製の鳥かごがいい感じ

天野商店に置いてあった年代物の鳥もち

た。釣りの道具やペンキ、カップ麺、下着、発泡酒、文房具などに混じって、和装用のバッグや錦の草履も置いてある。一方、水道を引いた一隅では活きたアナゴを捌いていた。ほとんどカオスの世界で、一緒にのぞいた人たちはみんな大喜び。東京オリンピックの頃のグッズをみつけてハシャグ大人を、子どもたちは怪訝な顔で見ていた。

同じ広島の茂浦《もうら》では、これまで何回も見ていた「たばこ」の看板を掲げた家が、実は今もわずかながら煙草を扱っている現役の店と知って驚いたこともある。てっきり、とうに廃業して看板だけ取り外さずに残しているものと決めつけていたのだ。思い込みは恐ろしい。

随分経ってから生きている店だと判明

広島の茂浦公民館で店開きしている移動販売車

岡山県備前市から坊勢島へやってきた移動販売船

船の前で店開き。坊勢島にて

週に何回か移動販売車が来たり、移動販売船が来る島もある。「渡る」で触れたように、渡海船が活躍していた時代は、買い物の代行も大きな仕事の一つだった。

これまでは、買い物がしにくい小島で、旅人がいかに買い物できるか、島人たちはその不便にどう対処しているかについて記してきたが、最近新たな動きが出てきた。わざわざ、島へ買い物に行くという動き。その典型が、島のパン屋さんだ。

新居大島のジャックのパン屋、直島のパントコリ、大三島のコアントロー、大崎上島のホガラカ、宮島のおひさまパン工房、小豆島の森國ベーカリーなど、個性的なパン屋が各島にできつつあり、そのために島へ渡る人も増えている。ただ、規模が大きくないので売り切れていたり、臨時休業だったりすることもあるので、第1の目的がパン屋さんという場合は、予め情報を収集してから出向いた方がいいだろう。

大崎上島の手作りパン屋ホガラカ

やっと復活した商店街だったが…

●魚島《うおしま》（上島町《かみじまちょう》）

——燧灘《ひうちなだ》のほぼ中央に浮かぶ愛媛県上島町の魚島で2日、食料品や日用品を売る商店が約2年ぶりに営業を始める。2014年10月に島おこし協力隊員として魚島に移住し、仕事の一つとして『魚島商店』を開く吉田浩士さん（30）は『住民に必要とされる店にしたい』と願っている。（以下略）

　2015年3月1日付の愛媛新聞に、こんな記事が載った。2年ぶりに復活した商店が、どれほど島人たちに待ち望まれていたか、地元の声を拾いながら書かれていた。

　最近は、過疎地だけではなく、都会でも買い物難民という言葉を耳にするようになった。売

魚島
（うおしま 愛媛県越智郡上島町）
面積： 1.36㎢
人口：171人（2016年6月）
芸予諸島に属する島。魚島群島の中心的な有人島。2004年10月1日までは旧魚島村に約100年間属していた。主な産業は漁業。
アクセス： 因島土生港から弓削島、豊島、高井神島を経て魚島港へ。

りたいモノも売りたい人もこれだけ溢れている世の中なのに、買いたくても買えない人も多いのが皮肉な現実だ。逆に、絶海の孤島で山積みされたアマゾンの箱を見ることもある。

この春、友人たちと海上タクシーをチャーターして、瀬戸内海中央部にある島が少なく海が茫々と広がる燧灘を走り回った時、気になっていた魚島に十数年ぶりに上陸した。面積は約１・４平方キロ、実人口は１７０人ほどの小さな島なのに、港周辺には3階、４階、５階建てのビルが林立（やや大袈裟）している。

現在は、愛媛県越智郡《おちぐん》上島町の一地域となっているが、２００４年に弓削町《ゆげちょう》、岩城村《いわぎむら》、生名村《いきなむら》と合併して上島町となるまでは、魚島、高井神島《たかいかみしま》、豊島《とよしま》（現在は無人島）という3つの有人島からなる魚島村という独立した自治体

人口170人ほどの魚島だがビルはたくさん

だった。だから、自治体の体を成すため必要なものは、一通りそろっている。

室町時代に村上水軍の出城が築かれたこともあれば、絶海の孤島ゆえ今治藩の流刑地となったこともある。多くの歴史が刻まれた島は、漁業資源が豊かな燧灘のほぼ中央という地理的環境にも恵まれて、漁業の島として大いに栄えた。昭和時代の1981年から村営ケーブルテレビを経営し、1995年には村制施行100年を迎えた。1997年には常に不足していた淡水を確保するため、日産55トンの海水淡水化施設を完成させ、完全給水を実現。愛媛県の自治体で初めて下水道普及率100％を達成。それほど進取の気性に富んだ島だ。

上陸して港周辺をうろつくと、鳥避けなのか漁網で囲われた名産のデビラが目についた。掌

魚島郵便局

魚島名物のデビラ干し

ほどの大きさしかない薄っぺらな小魚だが、実は深い味わいがあり、標準和名はタマガンゾウビラメという。瀬戸内では主として冬場に漁獲され、カラカラに乾燥して出荷される。それを木槌で叩いて柔らかくしてから、炙って食べるのがデビラの通。同じ囲いの中で干されている、小さなウシノシタ（シタビラメ）もふっくらと美味しそう。

旧魚島役場の建物は、ちょうど立て替え中だった。ちょっと（魚島商店を）捜してみたけれど、それらしい店は見つからない。工事の作業員に聞くとすぐそこだと教えてくれた。工事現場を回り込むと、焼き板を思わせる黒い外壁の建物に「魚島商店」の看板が掛かっていた。

路地に進入して店の前に立つと、軒下から付き出した日除けに「大船商店」（昔あった商店）

魚島商店の内部

の文字が見える。中には、カップ麺や飲み物、お菓子、調味料、レトルトパック、トイレットペーパー、駄菓子、洗剤、タッパーなど、必要最低限の商品が整然と並んでいた。ただし、生鮮食品の姿は見えない。中央の一番場所のいい棚だけがぽっかりと空き、隅に惣菜パンや菓子パンが数個と煮物のパックが一つ残っているだけ。

　帳場でパソコンに向かってキーボードを叩いていた、元島おこし協力隊員で、現在は店主の吉田浩士さんに聞いた。

「一番の売れ筋は、なんですか」

「お弁当や総菜類です」

「あそこの空いている空間は弁当ですか」

「ええ」

　別の小高い場所には、取り置きの弁当が二つあった。他の島（多分、都会も）でも、お年寄りに弁当は引っ張りだこだ。常備菜などで食事を済ませた方が安上がりだと思うのだが、面倒臭いし食材が偏るからだろう。

　店の中を観察させてもらったら冷蔵ケースが一つあって、その中に豆腐や油揚げ、かまぼこ、納豆、ウインナーソーセージ、生姜などが、少しだけ並んでいた。

「頼まれて取寄せることもあるんですか」

「どちらかというと、そっちの方が多いくらいです」

営業時間は10時から18時で、土日は定休日。

この人口規模の島で、1日の来店客は20人から30人くらい。仮に1人1000円使ったとしても、さほど儲けは出そうにない。取寄せが多ければ、一人当たりの売上はもう少し多いかもしれないが、それでも大変そう。

「島の物産を店に置いたりネットで販売したりとか、他の展開も考えているんですか」

「考えてはいるんですが、店番に時間をとられてそこまで手が回っていません」

1人で8時間店にいるのは、確かに楽ではない。

しかし、せっかく島人たちの熱望に応えてやっと復活した店の灯は守って欲しい。無責任なよそ者は、そんな勝手なことを思いながら、同行の友人たちと飲み物を何本かとお菓子を買って、船に戻った。

※最終のデータ確認をしていた6月末、2016年6月24日をもって魚島商店が閉店したとの報に接した。細かな経緯はまだ不明だが、小島の買い物事情の厳しさを知っていただくため、あえてこのまま記事を掲載しました。

島へ行こう・食べる

とりあえず用意したい軽食

ここでは、主に島での昼食について触れたい。

小さな島へ渡る時は、食堂も店もないことを前提に、とりあえずチーズ入りのフランスパンとかベーコンエピなどの日もちがして、ちょっと惣菜パンの要素があるものを持参することが多い。

それに、お茶などがあれば、最低限の昼食にはなるからだ。

さらに、現地へ行ってみて食べるものにありつければ、それを昼食としていただき、パンは翌日の昼食にしてもいいし、寝酒の肴に振ってもいい。

食堂も店もないと分かっている小島ならば、最初からしっかりした弁当などを持っていくこともある。

人口規模が数百人以上の比較的大きな島には、贅沢を言わなければなんらかの食堂はあるし、最悪カップ麺を買ってお湯を入れてもらうくらいはできる。

美味しいものを食べに、島へ

最初に、消極的な状況から書きはじめたが、積極的に瀬戸内の美味しいご飯を島へ食べに行くこともある。瀬戸内海の海の幸が第一の目的であれば、予約して行った方がいい。通りがかりのお客がいない島では、食材を余分に用意していないことが多いからだ。なにか出してもらえても、あり合わせになる可能性が高い。

予約先は、島の旅館や民宿、食堂など。「うまい島宿」で触れる津和地島《つわじしま》の「亀川旅館」（P138）は広島方面からのツアー客に昼食を提供している。あの海域に適当な食事処がないので、ツアー会社の方でも重宝しているという。同じく、真鍋島の「島宿三虎」（P131）も要予約で昼食を提供している。本土の笠岡あたりから海上タクシーをチャーターして、宿の私設桟橋に直接乗り付けるグループも多いという。そうすれば、船旅と料理の両方を満喫できるし、時間的に効率もいい。

真鍋島の港前にある漁師料理の「漁火《りょうか》」も、現役漁師が地魚をたっぷり堪能させてくれると評判が高く、裏庭に小さな民宿まで作ってしまった。また、港のすぐ前に最近できた「船出」も美味しい料理を食べることができる。

走島《はしりじま》の民宿「太進館」に頼んでおくと、白砂が美しい唐船天女浜のビーチで、海鮮バーベキューができる。夏など海水浴やマリンスポーツを思い切り楽しみながら、美味しい海の幸も堪能したいという家族連れやグループにはもってこいだ。

食べるために渡るような島としては、倉敷の六口島《むぐちしま》が挙げられる。「象岩亭」と「六口荘」という民宿が2軒だけの島。定期航路はなく、昼食代や宿泊代に児島や下津井から島への送迎料金も含まれている。腰を下ろした象にそっくりの奇岩があり、戦前は瀬戸内海全体でも有名な景勝地だったが、今は夏に海水浴で遊びに来る人や海の幸を味わいに訪れる人が多い。

最近、小さな島に肩ひじの張らない島人のたまり場的な店もできている。例えば、わずか人口17人の大楠の志々島《ししじま》（P112）には、「くすくす」（不定休、午前の船の到着時と午後の最終便出航前1時間くらいずつ開店）という休憩処ができて、お茶を飲みながら一休みできるようになった。島のオバァちゃんたちの憩いの場にもなっている。

しまなみ海道から取り残されたように、伯方島《はかたじま》と越智大島《おちおおしま》の間に浮かぶ人口二十数人の鵜島《うしま》では、船の待合所をカフェにリフォーム。週末はランチも出しているという。やはり、ここも島人の情報交換の場だ。もちろん、旅人がお邪魔してコーヒーを飲むのは大歓迎で、さりげなく島人と会話できる場ともなっている。これから、こんな小さなたまり場のような店が増えてきそうな予感がする。

真鍋島の「船出」はすぐに活き作りが出てきた

真鍋島本浦港前の「船出」

「船出」で昼の宴

走島の「太進館」でBBQを楽しむ。魚介類は全て地のもの

六口島の象岩

六口島の民宿「象岩亭」と「六口荘」(奥)

昨年できた志々島の休憩処「くすくす」

北木島《きたぎしま》の「港屋食堂」では、カメノテで出汁をとっている珍しいラーメンを食べることができる。エビ・カニ系のコクがあるあっさりしたスープだ。残念ながらスープだけで、身は出てこない。この周辺では、美味しい身は食べず、出汁だけ利用するところが多いらしい。身を甘辛く煮てトッピングするとか、奇妙な形の殻をあしらうとかすると、見た目ももっとインパクトがあるラーメンになると思うのだがどうだろう。

他にも、周防大島《すおうおおしま》安下庄《あげのしょう》の「たちばなや食堂」のように、島人のソウルフードであり、わざわざ食べにくる観光客もいるというラーメンもある。

周防大島のたちばなや食堂

待合所を利用した鵜島のカフェ

横着者のぼくは自分では実行していないが、マメなアウトドア派の友人は食堂のない島へ行く時、調理用具や熱源を持参してコーヒーを淹れたり、インスタント麺を作ったり、海辺で採った小さな巻貝やカメノテなどでスープを作り、身も食べるなんてことをしている。ただし、貝毒などの危険性があるので、怪しいものは食べるのを控えた方がいいけれど。

　昼食を一食くらい抜いてもどうってことはないが、せっかくなら自分の流儀で島の幸（あるいは持参した弁当）を楽しみたい。

「たちばなや」の中華そば。周防大島

「たちばなや」のお品書き。周防大島

島へ行こう・歩く

自分の足で歩くに越したことはない

島内での移動手段は、本土とさほど変わりはない。島人や島との接触度の濃密さから挙げていくと、徒歩、自転車、バイク、バス、タクシー、クルマといったところだろうか。ただ、徒歩以外の手段は、選択肢に入って来るか来ないかは、島によって異なる。

移動手段については、選択肢があるうちから自分の好みで選べばいい。ただ、お勧めはと聞かれれば、やはり歩くこと。ふと心の片隅に引っかかってくるものがあっても、クルマは当然だがバイクや自転車でも、止まるのが面倒になってスルーしてしまうことがある。徒歩ならば、さすがにそうならない。それが、人間本来のリズムなのだろう。

移動効率が悪い分、きめ細かな観察ができるのも徒歩だ。たまたま行き会った島人と立ち話するにも、徒歩が一番都合いい。集落の細い路地や畑に通じる脇道、田んぼの畔なども、やはり徒歩の独壇場だ。特に、小さな島は自分の足でていねいに歩き回ると、期待以上の発見ができる可能性が高い。

集落の小路以外の細い道は大半が踏み跡で、藪の中に開かれた自家菜園などに通じていることが多い。それでも、思いがけずに立派な祠があったり、島の高みまで通じていたり。最初の道は獣道の延長で、人間という動物が繰り返し繰り返し歩いて自然に生じたものだろう。なのに、結局なぜできたのか分からない道もある。

島でサイクリングがトレンド

効率よく島を巡りたいけれど、クルマを持ち込むほどではないという場合は、自転車やバイクを船に積んで持って行ってもいい。基本的にフェリーでの輸送ということになるが、フェリーでなくとも積み込んでくれることもあるので、ぜひこの島を自分の自転車やバイクで走りたいと思ったら、船会社に問い合わせてみるといい。

最近、世界のサイクリストたちの注目を浴びるようになった聖地しまなみ海道では、例えば尾道から生口島《いくちじま》の瀬戸田まで走って、帰りは客船に積み込んでもらって尾道へ帰る、というツーリングを楽しむ人も増えている。

家島のコミュニティバス乗場

百島のレンタサイクル

ごごしまレンタサイクル

しまなみ海道の因島と生口島の南側に最近登場したゆめしま海道も、サイクリストたちの間で急速に注目度が高まっている。ゆめしま海道は、上島町の弓削島、佐島、生名島の道路と3島を繋ぐ橋による周遊コースで、将来的には一番西の青いレモンの島岩城島とも橋で結ばれる予定。

船で渡るしかない本物の島々を巡るコースは、信号もトンネルもなく景観は抜群だ。嬉しいのは、上島町が設けてくれているサイクルフリー制度。簡単なアンケートに答えると、対岸のしまなみ海道の島々から上島町の島々へ自転車を無料（人は普通運賃）で渡してくれる。コースの魅力と相まって、サイクルフリーを利用する人は、うなぎ登りだ。もちろん、島にもレンタサイクルが用意されているので、渡ってから借りてサイクリングしてもいい。

また、島によってはレンタサイクルを置くところも

舳先にも後甲板にも多数の自転車を積んでしまなみ海道の島々から尾道に帰る船

増えているので、問い合わせてみるといい。ぼくが、しばしば通っている観光的には非常に地味な讃岐広島にも、台数はわずかながらレンタサイクルがある。

フェリーの通っている島ならば、もちろんクルマで行くこともできるし、レンタカーを借りることができる大きな島もある。また、宿がガソリン代実費払いでクルマを使わせてくれることもあれば、時にはちょっとした島内観光をしてくれることもある。ただ、その辺は相手の好意次第なので、何回か通ったり、なぜか相性が良くて、という場合に限るだろう。残念ながら、初めから予定したり期待するわけにはいかない。

淡路島や小豆島、周防大島など大きな島、あるいは、しまなみ海道の島々、瀬戸大橋の島々、とびしま海道の島々なら、ふつうの路線バスも走っている。また、丸亀市の本島や広島、土庄町《とのしょうちょう》の豊島、大崎上島、松山市の中島などのように、コミュニティバスが走っていることもある。あるていど大きな島でバスを利用したいと思ったら、ネットで検索するか、観光協会などに直接問い合わせてみるといい。ただ、あるていど土地勘がないと、乗りこなしづらいが。

上記以外に、ヒッチハイクなども島内の移動手段に入って来るが、不確定要素が多過ぎるので、試みたい人はどうぞ、というように留めておきたい。都会よりは島、それも小さな島の方が乗せてくれる人が多い、とだけ言っておこう。

島へ行こう・泊まる

目的予算で変わる宿選び

「瀬戸内海・島旅の楽しみ方」の中級編で記したように、せっかくなら島に泊まって昼と違った顔を見せる島を楽しみ、島時間をじっくり味わって欲しい。では、どこに泊まればいいのか。大きな島は別にして、それほど選択肢はない。宿のない小島が、多数存在するからだ。

ホテルや旅館、民宿については、島でも本土でも基本的なシステムは変わらないので、あえて触れない。

ただ、泊まるつもりがある時は、予約しておいた方がいい。当日だと泊めてもらえないこともあるし、食事つきの場合は食材があり合わせになることもあるからだ。

また、瀬戸内海の島を何日か歩き回る時、毎日ご馳走はいらないということもある。ザックリ括って、瀬戸内海の島の観光客を相手しているそこその旅館や民宿は、大体1泊2食1万円くらいのところが多い。宿によって差は大きいけれど、かなりの料理が並ぶ。旬のもの満載で、1日目は大感激だが。2日目も、3日目も、宿が替わっても並ぶのは同じように旬のもの。そして、旬の食材や料理法にそう大きな違いはない。すると、飽きてきてしまう。3泊目くらいの宿を予約する時は、直接「料理の品数を少なくして欲しい」と言ってもいいが「（観光ではなく）仕事で行きます」といえば、ほどよい量の料理になる。宿からすれば、瀬戸内海の島まで来るのだから、料理に期待しているだろうと頑張るので、料理の内容も宿泊代もそれなりになる。仕事で、と言えば、1泊2食7000～8000円の場合が多い。

最近は、外国人観光客の増加に伴い、宿不足が問題になっているが、瀬戸芸（瀬戸内国際芸術展）開催中の香川の島でも、似た状況になっているところもある。直島などで、雨後の筍のように増えたのがゲストハウスだ。手頃な値段で泊まれる、男女別相部屋の素泊まり宿であることが多い。

ゲストハウスについては、広島、牛島、志々島などでも触れているので、参照して欲しい。増え続ける空き家の有効利用法としても、注目されている。

川東民泊は朝食に自家製の素麺が出た。豊島

川東民泊の部屋。豊島

個性的なゲストハウスが瀬戸内海の島々で次々とオープンし、そこを巡りながら島歩きをする人々が、いずれ増えてくるのではないかと想像しているのだが、数年後、島の宿状況もずいぶん変わっているかもしれない。

産廃不法投棄の被害島から、アートの島へと大きくイメージが変わってきた豊島は、民泊制度を導入して宿不足を補っている。パソコンからしか予約できないので、ネット環境が整っていない人にはややハードルが高いが、かつての民宿のように島人の暮らしを垣間見ることができて、好評だという。

ウェブサイトには、民泊利用上のお願いの最初に、以下のように記されている。

——豊島民泊は、島の暮らしを体験してもらうための宿（農林漁家民宿）です。是非、いろいろな体験をしてください。

——民泊予約は、原則、豊島観光協会ＨＰからのみで、宿泊日の3週間前から3日前まで予約可能です。当日・明日・明後日の予約は受付しておりません。

料理自慢のオバァちゃんの宿（緋田民泊）だったり、素麺工場をリフォームした宿（川東民泊）だったり、話好きで面

緋田民泊の朝食。豊島

倒見のいいオジちゃんの宿（植松民泊）だったり、いろいろ個性があって楽しい。ぜひ、宿の人との会話も楽しんで欲しい。

民泊もゲストハウスもない島に泊まる時は、公民館が利用できることもある。公民館を自治体が所有している場合は、役場に連絡すれば使用条件が分かりやすい。自治会などで保有し管理している場合、管理者の連絡先は役場などで分かる可能性が高いが、あっさりと使わせてくれることもあれば、島出身者以外は自治会の総会に掛けないと許可できない、などとやんわり断られることもある。また、宿泊施設として許可を取っていないので、無料でしか泊められないとタダで泊めてもらったことも何回かある。

また、廃校の建物などを利用した、公共の宿泊施設も使いようによっては便利だ。特に家族連れでお金を掛けず遊びたい時など、大いに利用したい。何回か泊まっている、手島自然教育センターは、丸亀市が管理していた時、個人では泊まれなかったが、地元の自治会が管理するようになって使い勝手が飛躍的に向上した。基本的には、教室をリフォームした個室で、大きな風呂もあり、自炊施設や食器も整っていて、

尾道市因島細島ハウス

1泊1000円。ありがたい値段だ。別料金でBBQやキャンプファイヤー、地曳網などをすることもできる。

島人に不安を与えたり、迷惑をかける可能性があるので野宿は勧めないが、アウトドア派であればキャンプ場で一夜を過ごすのもいいだろう。

新しい宿泊制度が続々登場

最近、世界的な民泊システムとして日本でも注目を集めているのが、エアビーアンドビー（以下、エアビー）だ。一般の民家の場合、まだグレイゾーンが多いとされているが、エアビーに登録している正規の宿泊施設も多い。

ゲストハウスなどを探すのには利用できる。

また、今後利用者がどんどん増えるのではないかと予想されるのが、労働力を提供するかわりに、寝場所と食事を提供してもらいながら旅をするシステム「ウーフ」だ。このシステムの利用者を「ウーファー」と呼ぶ。体を動かすつもりがあれば、わずかな予算でなおかつ地元の人たちとディープに関わりながら旅することができる。

最近は、労働力・若者不足の島で、ウーフのホスト（労働力を提供してもらう側）になっている農家（小豆島のコスモイン有機園、大崎上島の神峯園など）をしばしば見かける。海外からの訪日客が増加し、なおかつありきたりの観光に物足りない人たちが増える中で、ウーフを利用する人たちは今後も増え続けるだろう。

元々はオーガニック運動からはじまったウーフだが、現在ではもっと広い解釈で運用されている。

今年の1月頭島で、320度オーシャンビューの絶景の岬に打ち捨てられていた建物を生まれ変わらせ、海洋リゾート会員制施設ヴィラ・リボーンをオープンした若槻一登さんなども、積極的にウーファーに呼びかけ、その力をうまく利用している。

地元に根差した旅をしたければ、ウーファーになるのもいい。

島へ行こう・交わる

島人と話すキッカケは自分で作ろう

せっかく島まで出かけたら、地元の人と交流したいという人もいるだろう。しかし、キッカケ作りがなかなか難しい。比較的手軽なのは、島のイベントに参加すること。交流を目的に謳っていなくても、イベントに参加して島に興味を示せば、嫌でも交流のキッカケが生まれる。

改まったイベントでなくても、祭りや島四国（P253）などにぶらりとでかけてもいい。そんな場所で自然に会話しているうちに、自ずと交流が生まれるものだ。ご縁とは不思議なもので、一度うまく繋がると、それをキッカケに交流の輪が広がっていく。

イベントや祭りは常時あるわけではないので、入門編としては人と接する仕事の人たちを取っ掛かりにするのが、無難だろう。まず、旅人と島社会を繋いでくれるキーパーソンは、宿の人だ。旅人といつも対応しているので、島外から来た人間はどんなことを知りたがっているのか、何を求めているのかなどに通じており、話が早い。時には、島内を案内してもらえることもあるし、ガイドブックに載っていないような話を聞けたり。また、意外な有名人がよく来ているとこっそり耳打ちしてくれたりもする。

　それ以外に、郵便局の人や駐在所があればそこの駐在さん。駐在は少し敷居が高いが、郵便局は都会に比べるとさほど忙しくないので、時間に余裕があれば向こうから話しかけてきて、見どころなどを教えてくれることもある。ぼくの場合、気が向くと島の郵便局で通常切手を買い、地図やメモ帳に貼って、そこに通常印を押してもらっているので、そのやり取りの中で会話がはじまることが多い。また乗船切符売り場の人なども、仕事柄常に島人の動向を観察しているので、ほとんどが事情通だ。彼らと話をすることで、お近づきになりたい島人を紹介してもらえることもある。

　店をやっている人も、話し相手になってくれることが多々ある。人口が少なくなってしまった小さな島で、今も店を続けている人は、それなりに島に対する思いが深い。自分が店をやめてしまったら、困る人もいるだろうとか、店が日常的な唯一の

記念の捺印をキッカケに
郵便局で会話がはじまる

社交場になっているから、そんな積極的な存在意義を自らに課して頑張っているようだ。

昔稼がせてもらったので、今は恩返しと自分の健康維持のため、そんな思いを語ってくれた人もいる。お客がいなければ座り込んで、昔島が栄えていた時代、子どもも大人もいっぱいいた頃の話を聞かせてもらうのも楽しい。

島暮らしを考えている人は、先に移住している人を訪ねて、いろいろ教えを乞うという手もある。移住に関しては、成功譚より失敗した話の方が参考になるだろう。

いずれにしても、自分と相性がよさそうな島があって、そこの人と交流したいと思ったら、まずは通ってみること。そうすれば、道は自ずと開ける。開けなければ、縁がなかったか、自分の想いがそれほどではなかったと思うしかない。島に興味があるならば、いずれ必ずご縁の深い島に出会うことがあるはずだ。まずは、瀬戸内海の気になる島へ。

旧広島村9集落が交流する広島ふれ愛まつり

旧暦3月21日に讃岐広島で行われるお大師参り。茂浦の正福寺にて

第三章

魅力別・行ってみたい島

多島海のビューポイント

瀬戸内海の魅力は、なんといっても世界屈指の多島海であることだろう。その多島性を楽しむには、大きく分けて２つの方法がある。一つは、船でひたすら島々の間を巡り続けて、果てしなく変化するシークエンス（移動景）に陶然とすること。もう一つは、決まった場所から広く俯瞰して、いかに多くの島が景色を形作っているか楽しむこと。前者は、まさに船上からの景観であり、後者はビューポイントからの風景ということになる。思い浮かべてみると、瀬戸内多島海絶景の地は多々ある。正直なところ、あり過ぎて絞りきれないが、その中からあえて３カ所を紹介したい。

A 左から延々と伸びる荘内半島の先に、宇治島、六島、大飛島、小飛島、北木島などが遠く連なっている

B 左から粟島の阿島山、小島、高見島、粟島の紫谷山、志々島、亀笠島

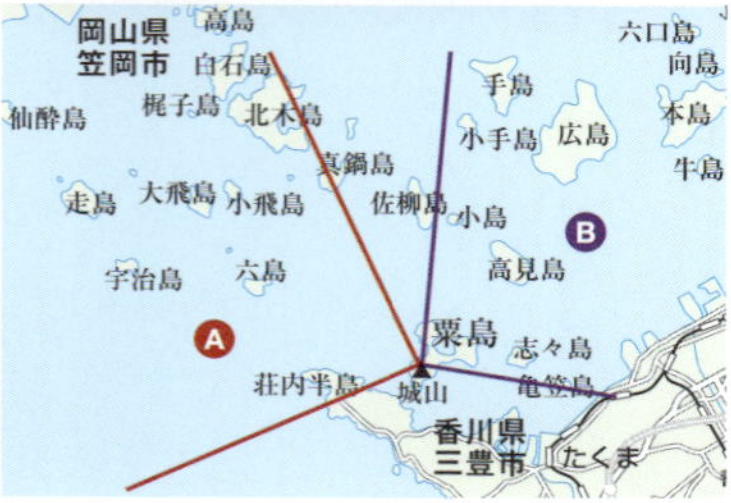

AとBが望まれる方向。
小さな写真右は、左から広島、高見島、本島、牛島、粟島の紫谷山、志々島。
小さな写真左は、左から北木島、真鍋島、佐柳島、小手島、小島、手島、広島、高見島。

ビューポイント 1 城山《じょうのやま》（粟島）

城山山頂周辺から望まれる有人島や主な山を、西から並べてみよう。荘内半島、伊吹島、魚島、高井神島、因島、六島、走島、大飛島、小飛島、北木島、真鍋島、佐柳島、小手島、手島、広島、高見島、本島、牛島、飯野山、弥谷山、塩生山、妙見山など。

粟島港から標高222ｍの城山山頂までは、徒歩１時間ほど。登山靴は必要ないが、登山道が濡れていたり落ち葉がある時などは滑りやすくなるので、履きなれた靴がいい。海に面した粟島海洋記念館の脇に、登山用の杖が置いてあるので利用するのがお勧め。

粟島（あわしま：香川県三豊市）
面積：3.68km^2　**周囲：**16.5km　**人口：**252人（2016年４月）
詫間港北西約5kmに位地し、もともと３つの島が砂州でつながりスクリュー状に見える島。瀬戸内国際芸術祭の島でもあり、漂流郵便局という芸術作品がある。
アクセス：須田港から粟島港まで15分。詫間･宮の下港から志々島経由、粟島港まで50分。（粟島汽船）

B 左から倉橋島（奥）、黒島（手前）、鹿島（奥）、横島（手前）

AとBが望まれる方向

ビュー
ポイント ②

金蔵山《きんぞうさん》（柱島）

山頂から見える主な島を、東から並べてみよう。倉橋島、鹿島、続島（謎の爆沈事故を起こした戦艦陸奥殉難者の火葬地）、津和地島、怒和島、中島、興居島、二神島、情島、由利島、周防大島など。

柱島港から休校中の柱島小中学校の裏を通り標高262ｍの金蔵山まで、徒歩１時間ほど。山頂近くまで行くと、登山道は二つに分かれる。左を指す道標には、三角点。右には、山頂方面150ｍ、旧海軍見張所跡、と書かれている。右へ進むと、本当の山頂（標高290ｍ強）に至るが、周辺に草木が繁っているので眺望は開けない。一般的に金蔵山山頂とされているのは、三角点がある標高262ｍの地点で、東から南にかけての眺めがいい。

Ａ 左から津和地島、続島（手前）、二神島、諸島、情島、周防大島、長島と福良島（手前）

柱島
（はしらじま：山口県岩国市）
面積：3.12km²
人口：156人（2016年７月）
瀬戸内海西部、安芸灘にある柱島群島の中心的な島。岩国港南東約26kmに位地する。「柱」とは神社のこと。太平洋戦争中、島の近海が日本海軍連合艦隊の停泊地のため、多く空襲を受ける。また島の南側では戦艦「陸奥」が爆沈した。農水産業が盛ん。
アクセス：岩国新港桟橋から高速船で45分～１時間。１日３往復（土日は４往復）で便によっては黒島、端島に寄港する。

B 小久野島、大久野島、松島、神殿島、大三島、小横島、大横島

C 左から、大三島、越智大島、津島、柏島、肥島、来島海峡大橋、大下島

D 小大下島と四国本土

E 岡村島と大崎下島

神峯山から望む大三島。
手前は、無人の大横島

途中の登山道からは契島
も見える

安芸灘大橋を遠望

※大崎上島についてはp212参照

ビューポイント ③ 神峰山《かんのみねやま》（大崎上島）

山頂周辺から見える有人島を、南から時計回りに挙げてみよう。大下島、小大下島、岡村島、斎島、大崎下島、三角島、豊島、上蒲刈島、大芝島、長島、契島、生野島、大久野島、大三島、越智大島、津島、馬島、小島、もちろん遠く来島海峡大橋も一望できる。無人島まで含めると見える島の数は115。日本一たくさん島を望むことができる場所だという。

天満港から標高452ｍの神峰山山頂までは、徒歩１時間20分ほど。途中にも、素晴らしい眺めの場所があるので、休み休み登ると画に描いたような多島海の風景を堪能できる。山頂周辺に３つの展望台があり、第１展望台まではクルマで行くことも可能だ。自分の体力に合わせて、アプローチの方法を選ぶとよい。

それぞれの方向を見ると、写真のような風景を望むことができる

Ⓐ 豊島、上蒲刈島、来島、小芝島、津久賀島、大芝島、大相賀島、長島、折免島、臼島、木臼島

（1）最近元気な島

◆志々島《ししじま》（香川県）――昨年から急に動き出し3月には2人の移住者が

2008年、9年ぶりに志々島を訪ねた時、密かにこの周辺で最初に無人化する島ではないかと思った。9年前には、2軒はあった店も1軒になり、減る一方の人口は30人足らず。商店があるだけでも、すごい。店をやっている（その後、閉店）オバァさんは、商売としては成り立たないが、これまで商売させてもらった恩返しと交流の場の提供、そして健康維持のため続けていると言った。

かつて、人口1000人を数えたほど栄えた島はどんな最期を迎えるのか。

それでも、志々島が誇る大楠のまわりはきれいに整備され、道標も新しくなっていた。島外から、ボランティアがけっこうやってくるらしい。実はその4、5年前から、Uターンで立て続けに9人戻っていたのだが、当時それを知る機会はなかった。

その後、神戸からUターンして自治会長をしている山地常安さんが中心となり、島人が力を合わせ大楠の上の高台に楠の倉休憩所を建て、道端や荒れた畑に花木やモミジを植えた。山地さん夫妻は、大楠見物の人が一息つける場所をと、コーヒーが飲め島のお土産が

大楠の下で急遽行われたドートレトミトシーのライブ

志々島集落

志々島の埋め墓

休憩所楠の倉から瀬戸内海を一望

志々島に定期船がやってきた

買える休憩所「くすくす」（船の発着時間に合わせて営業、不定休）もはじめたが、忙しいので開けない日もあるのが悩みの種。

「くすくす」は、島のオバァちゃんたちのしゃべり場にもなっている。

島内にいろいろな変化は蓄積されつつあったが、それが大きく動き出したのは昨年だった。4年前、体調を崩した姉を世話するため島へ戻っていた北野省一さんと山地さんが、島にあるさる会社の遊休保養所を無償譲渡してもらうため、受け皿として志々島振興合同会社を設立。

その頃、対岸の詫間町でアップル不動産を経営している井出喜久美さんが、志々島の空き家バンク担当者として初めて島を訪れ、恋に落ちてしまった。大楠と志々島に。

肝心の遊休施設譲渡の話は頓挫したが、井出さんが合同会社に出資したいと申し出る。

「いくら志々島が好きと言っても、不動産屋がうろうろしていると、商売をしに来ているとしか思われません。本気で志々島にかかわっていきたいので、出資させてもらいました」

井出さんの紹介で、地元の資産家も加わった。昨年も押し詰まった頃、古民家改修のためにクラウドファンディングで資金を集めようという話が、井出さんから持ち込まれた。

「ネットなので若い人が中心と思っていたら、香川県内初の試みだったからか、メディアでも注目され、ＮＨＫや民放、新聞、ラジオなど、ずいぶん紹介されました。井出さんがＮＨＫの番組で切々と訴えると、特に大きな反響があり、１００万円の目標をたちまちクリアして、１月末の締切りには１８０万円集まったんですよ。それでも、改修費用は足りませんが」

山地さんが、顔をほころばせながら教えてくれた。

並行して香川県の助成金がつき、志々島を知ってもらい、移住者を呼び込むためのイベント「志々島へ行こう、暮らそうプロジェクト」の開催が急遽決定した。１回目は、宮古島へ移住した人が移住者の心得を話し、２・３回目はあまり元手を掛けずにお金を稼ぐ方策（可能性のあ

露店の準備

志々島のワークショップ

集落で行われたコンサート

夜の懇親会

る方法だが）について筆者が話をした。

　同時にコンサートも開かれ、それを目当てに来た人や井出さんの仲間がお菓子やアクセサリー、コーヒーなどの露店を出し、さらにはイベントと関係なく大楠見物に訪れたグループもあって、島は大いに賑わった。

　3回目のイベントが無事終了して、定期船が出航するのを見送りながら、井出さんと北野さんが固い握手を交わした瞬間、井出さんの目から熱いものが零れ落ちた。時間も人手もない中、少人数でイベントを無事に成功させたので、緊張の糸が切れたのだろう。


　そして、何よりも嬉しかったのは、この3月新たに2人の移住者を迎えたこと。

　1月（2016年）のイベント参加をキッカケに移住を決めた大阪在住の籠本真一さんは、寅さん映画が大好きで、以前から気になっていた志々島に来て、すっかり嵌ってしまっ

2日目の昼食は茶粥と煮もの、紅白ナマスの接待

感涙に咽びながら参加者を見送る井出さんと北野さん

たのだという。なんという決断力と思ったが、機に乗じるのは大切だ。いずれは対岸に通勤する予定で、働き先の目処もついているという。しかし、自給自足的な生活にも興味があるので、島人たちに習いながら、畑を作ったり、船舶免許を取って海で漁もしてみたいという。しかし、まずは住むことが決まった家のリフォームが最優先事項だ。

もう一人は、東京からやってきた小泉多恵子さん。2015年、以前から一度はと思っていた大楠に会いにきて、やはり志々島と巨樹の虜になってしまった。その後、何回か島に足を運んだ挙句、移住という決断をしたそうだ。まずは、改修が済み近々「ゲストハウスきんせんか」としてオープン（2016年5月から泊まれるようになった）する古民家の一室に住み、野菜を作ったりパンを焼いたりを考えているという。

2人が移り住んでも人口は17人で、過疎化の波は一向に衰えない。しかし、3年前に志々島に居を構えすっかり島に溶

写真右前：小泉さん　左：北野さん　右後：山地さん　左：籠本さん

野生児さっこ（安士早紀子）ちゃん　浮桟橋でワカメをゲット

志々島
（しししじま：香川県三豊市）
面積：0.59㎢
周囲：3.4㎞
人口：25人（2016年4月）
塩飽諸島に属し、県天然記念物の樹齢1200年以上の大楠で有名。終戦後1000人を数えた人口も過疎化で激減。両墓制の島でもある。
アクセス：須田港（最寄駅：JR四国詫間駅）―粟島経由―本村漁港（50分：3便/日）、宮下港（最寄駅：JR四国詫間駅）―本村漁港（20分：3便/日）。いずれも粟島汽船。

け込んでいる、30歳になったばかりの安土早紀子さんもいる。過疎高齢化の波も今後徐々に鎮まり、これから少しずつ若返ってくるのではないか。

やっと、泊まる場所もできた。今後、年に1回は志々島を訪ねて、変化を見つめて行こう。井出さんや山地さん、北野さんの奮闘で、島の空き家もずいぶん借りやすくなった。島暮らしに興味のある人は、昭和のまま時間が止まっている志々島を一度訪ねてみてください。

◈直島《なおしま》（香川県）――どこへ行くのか？　変容し続ける島は

最近の直島の変貌は著しい。対外的には、完全にアートの島となった。地中美術館で注目を集めていたところに、２０１０年瀬戸内国際芸術祭（以下、瀬戸芸）がはじまって、弾みがついた。それまでにも増して多くの人が押し寄せるようになり、アートのイメージが強まっている。新しい飲食店やゲストハウスが次々にでき、それでもまだ直島へ移り住みたいという人が、空き家物件の争奪戦を繰り広げているという。

15年前初めて歩いた頃の静けさを知っていると、別の島にように感じる。いや、異なる島に変身したと言っていいだろう。直島に都会の喧噪が侵入してきたようで、しばらく敬遠していたが、２０１３年、７年ぶりに散策して変わりようを確かめ、今年の瀬戸芸がはじまる前の２月、また変化を探りながら宮ノ浦《みやのうら》と本村《ほんむら》を歩いた。

島を大雑把に区分けすると、直島の中央は居住・文教・商業地区と官公庁、南部は美術館地区、北部は三菱マテリアルの製錬所と関連会社などがある鉱工業地区となる。周辺の人から見た直島は、長らく三菱金属の企業城下島だった。曽祖父の代から４代にわたって働いている島人もいるという。宇野から宮浦港へ向かう船上から、製錬所の敷地が見えるが、完全に鉱工業地帯だ。逆に、現代アートと鉱工業が棲み分け共存しているのが面白い。

昼食がまだだったので、宮浦港に上陸した足で三菱の生協脇にある「山本うどん店」を目指した。そこで、肉うどんの麺だけ中華麺に替えた中華そばを、久々に食べるつもりだった。直行しても面白くないので、港前の路地に入り込むと新しそうなゲストハウスが現れた。名前は「九龍」で、ローマ字でカオルーンと添え書きがある。小径を進むと、大竹伸朗が手がけた直島銭湯「I♥湯」。また、小路に入って集落内をさまよう。点としては素泊まり宿やカフェ風の店も増えたが、全体のたたずまいは古き良き時代を留めていた。

「山本うどん店」はほぼ満席で、母娘連れの観光客が待っていた。カウンターに1席空きがあるので、先に座らせてもらう。以前は、地元の人だけだったのに、今日は半分以上が観光客。中華そばを頼んだところ、壁のお品書きにはあるのに、もうやっていないという。麺を作っていた人が2、3年前に亡くなり、その後作る人がいないから。仕方がないので、定番の肉うどんを頼んだ。午後1時を過ぎると客も減って、

三菱マテリアル直島生協の左奥に山本うどん店が

草間彌生「赤かぼちゃ」2006年直島・宮浦港緑地

ゆったり座れるようになった。

ここから本村まで歩いてもいいのだが、もう少し宮ノ浦を巡ろう。隣の生協で鮮魚売り場を見たところ、直島産の地魚がかなりある。メカレイ、ナガハギ、マダコ、アコウ、オキソなど。生協売店手作りの干しマダコまで売っていて、思わず買いそうになった。

外観を楽しんだだけで、入浴したことのなかった「I♥湯」に入ってみよう。石鹸もシャンプーもないので、地元の人はマイセットを持参し、用意のない旅人は購入することになる。館内は、残念ながら撮影禁止。フロントのオバちゃんにチケットを渡して、男湯に入った。

床几らしき台では動画がチラチラ。古い写真が壁に展示され、トイレには透明な素材の便座や便座の蓋があり、金色も多用されていた。浴室には、大竹

直島銭湯
「I♥湯」

伸朗直筆の大きなタイル壁画があった。カランの押し手、黄色い洗面器と透明で金のハートマークがあしらわれた椅子、浴槽の底にちりばめられた写真や画などが浮き立ち踊り、愉快。女湯との境の壁の上には、巨大な象のレプリカが立つ。外には観葉植物が植えこまれて、植物園の温室のよう。

密かに心躍る空間を楽しみながら、浴場で小一時間過ごしてあがってくると、トルコ人らしき親子3人がちょうど入るところだった。島の湯屋まで、国際的になったものだ。

宮浦港発3時半過ぎの町営バスで本村に向かい、農協前で降りて周辺の変貌ぶりを観察しながら散策した。時間を持て余すかと思ったが、役場の裏で出会った美術館らしき真新しい施設のおかげで、その見学にたっぷりと時間を費やすことができた。

白木の木材をふんだんに使った建物で、周囲はなんと苔寺のような苔の庭。屋根まで白木という凝りよう。どんなコンセプトの美術館ができたのかときょろきょろしても、施設の名称は書かれていない。反対側のこれも木の香薫る建物を覗くと中に人の姿が見えたので、ふらふらと入って行って聞いたところ、ここは直島町の町民会館（集会所）だという。確かに調理実習室らしきものもある。反対側の大きな建物は体育館で、つい最近初の成人式を行った。町民会館の中を興味深く覗いていたところ、体育館の内部も見せてくれることになった。

新しくできた集会所

本村にて

多目的利用できるリバース式の舞台が設けられ、天窓があって間接照明。内壁は土壁で天井は漆喰で、土間は三和土だという。体育館の床の周りは、畳敷きの廊下が取り巻いている。そして、その向こうに広がる苔庭を主とした日本庭園には、枝垂れ桜を取り囲む屋外の舞台や大きな池ありの斬新な空間になっていた。

舞台裏の控室までじっくりと見せてもらってから、開放されている庭をゆっくりと散策して、写真と動画を撮影した。ぼくが不思議な庭をぶらついていたら、無人だった庭にパラパラと観光客が入ってきて、ちょいとぶらついては去って行った。

見学させてくれた島人は、設計者は豊島美術館を手掛けた人だと言っていたが、後で調べると犬島精錬所美術館を手掛けた三分一博志氏の作品で、直島ホール（体育館と集会所）は、今年（２０１６年）の瀬戸芸参加作品だった。総工費は、８億６４００万円。

恐らく、この建物も人気を呼ぶに違いない。直島はどこへ行くのか。宮ノ浦に比べて、本村の変わりようが著しい。まったく違う村になってしまいそうで怖いけれど、どう変わっていくのか興味深くもある。そんな交錯する想いを胸に、今後も訪れるだろう。

直島ホールは白木の屋根

直島ホールと池と舞台のある苔庭
（直島ホール　所有者：直島町
設計：三分一博志設計事務所）

直島

（なおしま：香川県香川郡直島町）

面積：8.14㎢

周囲：16㎞

人口：3,126人（2016年）

27島からなる直島諸島の中心的な島で、香川県高松市の北約13km、岡山県玉野市の南約2kmに位置する。

島の北部には、三菱マテリアル直島製錬所があり、地金生産量は日本一を誇る。

1992年に「ベネッセハウス」オープン、1998年に古い家屋を改修して空間そのものを作品化する「家プロジェクト」開始、2004年地中美術館開館などでアートな島としても国内外の来島者を多く集める島に変貌した。また、2010年からはじまる瀬戸内国際芸術祭の会場でもある。

主な産業：製錬業、ハマチなどの養殖、観光。

アクセス：高松港―宮浦港（フェリー5往復/日、高速旅客船1往復/日）、宇野港（玉野市）―宮浦港（フェリー・旅客船16往復/日）、宇野港―本村港（旅客船5往復/日）、宮浦港―豊島（家浦港）―犬島（高速船3往復/日）その他、瀬戸内国際芸術祭開催時には臨時航路もあり。

◆小豆島《しょうどしま》（香川県）――続々とやってくる若い移住者たち

「明日は、どういう予定ですか」

「渡船で沖島にでも行って、久々にのんびり歩こうかと考えてます」

「稲刈りをしませんか。知り合いが、明日肥土山《ひとやま》の田んぼ稲刈りをするんですよ」

小豆島に泊まった晩、コスモイン有機園の主人今川二郎さんに勧められた。稲刈りは何回もしたことがあるし、特にしたいとも思わなかった。しかし、移住者の家族が借りて作りはじめた田んぼだと聞いて興味が湧いた。

その前に、こんな会話をしていたのだ。

「この1年間で、小豆島へ200人ほど移住してきているそうです。皆が皆、ずっと住み続けているわけではないが、住まいと仕事さえあれば移住したい人は、とても多い。秋から冬にかけてのオリーブ摘みとか冬場のノリの加工の手伝いと

有機園の朝食。他にヨーグルトも

コスモイン有機園オーナーの今川二郎・早苗さん夫妻

か、季節ごとの仕事はあるんですが」

今川さんは、小豆島ではオーガニック栽培の草分けで、美味しく安全な農作物を多くの人に食べて欲しいと、宿をはじめたほど。

最近は、オーガニックなど先進的な農業に興味をもつ都会の移住希望者が、有機園に滞在して家や職を探すことも増え、小豆島の受け入れ窓口的な役割を果たしているという。

また、脳梗塞で倒れた時に若者に教えてもらってウーフ（P100）のホストとなり、なんとか農業と宿を続けることができた。そんな経験を活かし、長期滞在する移住希望者には、労働力を提供してもらう代わりに、寝る場所を提供するということもやっているとか。

泊まった日も翌朝も、移住者や移住希望者が頻繁に出入りして、今川さん夫妻に教えを請うたり、野菜を分けてもらったり、楽しそうにおしゃべりしていた。たくさん採れた野菜は、自家栽培麦を使った手作り麦味噌などと一緒に、週に一

刈った稲の稲架掛けと稲架作りを手伝う

回引き売りしている。得意先は、オーガニックの価値を認める移住者が中心だという。持ちつ持たれつのいい関係なのだ。

朝食後、今川さんは肥土山の黄金色に染まった田んぼへ連れて行ってくれた。伝法川と殿川が合流する沖積盆地である肥土山は、文字通り小豆島随一の穀倉地帯らしい。

移住者家族が作っている田んぼは、無農薬で栽培しはじめて今年で2年目。おおよそ10アールほどで、中心は早生のコシヒカリと晩生のヒノヒカリ。お父さんとお母さんに、小学校低学年と年長さんくらいの幼児だから、1年分の米は確保できるだろうと思ったら、

「うちは、みんな米が大好きで1日9合食べるんです。だから、これだけではまだまだ足りません」

他に4、5家族が手伝いに来ていて、子どもは10人ほど。やはり、幼児と低学年の児童くらいの年齢。関東からの若い移住家族は、放射能が幼い子どもに及ぼす不安を口にした。手伝ったのは、稲刈りというより稲架作りと稲架掛け。みなさん、それほど一生懸命に作業せず、かといってサボるでもなく、試行錯誤しながらワイワイと楽しくやっている。

昼食は、近くの広場にある子どもの遊び場にもなりそうな不思議な複合施設でいただいた。4、5年前、子どもの遊び場として空地に竹の小屋を作ったところ大喜び。それまでは家に籠りがちだった子どもたちが、外で遊ぶようになった。最初はどう遊んでいいか分

からなかった子どもたちは、徐々に子ども力を取り戻して自由気ままに遊ぶようになったという。

ステージ風の建物は、大阪から子どもたちに人形劇を見せたいというグループが来た時、その上演に合わせて作ったもの。水道が引いてあり、竈もあるので火も利用できる。愛想のいいオバちゃんがいろいろな野菜のかき揚げを作り、皆に振る舞ってくれた。また、早期退職して帰郷したという60代半ばくらいの男性が、ゆでたて手打ちうどんをご馳走してくれた。若い人たちが移住者で、高齢者は島人らしいが、和気藹々でいい雰囲気。

それにしても、子どもたちは裸足でよく遊びまくること。なんでも遊びの道具で、子ども力全開だ。屋根に上って板を何枚も連ねて道を作り、もっと先の高い屋根に上ろうとする子どもたち。腕白仲間では、女の子の方が積極的なくらいだ。3、4歳の男の子が、斧を持ち出して振り下ろそうとするが、重くて引きずるのが精一杯。大人たちも慌て

地元の方が手打ちうどんをふるまってくれた

屋根に上って遊ぶ子どもたちを見守る大人たち

て幼児から斧を取り上げたりせずに、不用意な行動に出ないか注意深く見守っているだけ。昨晩、今川さんから園舎なしで自主保育しているグループがあると聞いたが、彼らがそのグループかもしれない。フィールドは浜辺とか、畑や田んぼ、河原や渓流など、島のいたる所。その時々で、話し合って決めているという。

こんな恵まれた環境で育った子どもたちは、どんな人生を歩むのか。それは分からないが、少なくとも幼少期の豊かな思い出は、その後の人生をしっかり支えてくれるだろう。

小豆島
（しょうどしま：香川県小豆郡小豆島町、土庄町［とのしょうちょう］）
面積：153.67㎢
周囲：140.1㎞
人口：28,546人（2016年6月）。
香川県高松市の北約18km、岡山県日生町の南約20kmに位置する島。瀬戸内海では淡路島についで大きく、本州、四国側と橋やトンネルでつながっていない島としては、瀬戸内海で一番面積が大きい。島中央は800～400mの山岳地帯で、国の名勝、寒霞渓がある。

壺井栄原作の映画『二十四の瞳』（1954年、1987年リメイク）の舞台として名高く、1987年のロケのオープンセットを活用した「二十四の瞳映画村」がある。

産業としては温暖な気候を利用したオリーブの生産で知られ、ほかに素麺、醤油などでも有名。国の登録有形文化財としてマルキン醤油記念館、近代化産業遺産群のマルキン忠勇醤油蔵群がある。

アクセス：
・香川県および兵庫県より　高松東港―坂手港―神戸港（三宮新港第3突堤:3ないし2便/日：ジャンボフェリー）
・香川県より　高松港―土庄港（フェリー、高速船：31往復/日：四国フェリー・小豆島フェリー）、高松港―池田港（フェリー：8往復/日：国際フェリー）、高松港―草壁港（フェリー、高速船：10往復/日：内海フェリー）
・岡山県より　新岡山港―土庄港（13往復/日：両備フェリー・四国フェリー）、日生港―大部港（5往復/日：瀬戸内観光汽船）、宇野港―土庄港（7往復/日：小豆島豊島フェリー）※豊島経由
・兵庫県より　姫路（飾磨）港―福田港（7往復/日：小豆島フェリー）
＊瀬戸内国際芸術祭会期中は臨時便や臨時航路が設けられる。

（2）うまい島宿

◆真鍋島《まなべしま》（岡山県）――島宿三虎

もう、ずいぶん前になるが、初めて三虎《さんとら》の旅館料理を目の前にした時、唸ってしまった。塩煎りしたイシガニ、殻付きカキ、シャコ。瀬戸内海で人気の高い小エビのガラエビは踊りで。ナマダコの刺身は、まだ動いている。さらに、カワハギの姿造りに、むっちりした肝とサザエの刺身。透き通るようなカワハギの刺身は、濃厚な肝醤油を作っていただいた。さらに、肝がたっぷり入ったカワハギの煮つけ。立派なオコゼのから揚げや、野菜の天ぷらまで出てきた。もちろん、他に小鉢が幾つも並んだ。どれもこれもうまかったが、残念ながら食べきれず、自分が大食漢でないことを呪った。いずれも余計な味付けはせず、素材の持ち味を生かし切っている。噂には聞いていたが、予想以上だった。

それまでも、三虎に泊まったことはあった。しかし、ユースホステル（以下、YH）の方。YH華やかなりし昭和40年代から50年代にかけては、全国屈指の有名YHとして、三虎は年間1万人を超すホステラーを迎えていた。ペアレント（宿主）の久一護男さんが魅力的で、瀬戸内海を一望できる海岸という立地、そして、なにより食事内容が素晴らしい

YHとして、冬でも客足の絶えることはなかった。

噂に誘われ初めて真鍋島の三虎を訪れたのは、1975年の秋。もちろん、満員に近い混雑だった。そして、食事の充実ぶりに驚かされた。その辺の旅館より、はるかにいい。安く泊めてるんだから、こんなものでも文句ないだろっ、という食事内容の多いYHにあって、異色の存在だった。同じような食事代なら、うまい料理がたっぷり出た方が嬉しい。これなら、ホステラーが全国から集まってくるのは当然だと思った。

しかし、その後長らく、三虎に泊まる機会はなかった。YHが下火になってくると、いつか旅館も兼業するようになった。その旅館料理が、また素晴らしく充実しているという風の便りを聞いて、久しぶりに訪ねたのが2001年の秋。最初の訪問から、なんと四半世紀もたっていた。そして、文頭に記したような料理を目の当たりにしたのだ。その後、平均すると年に1回くらいのペースで訪ねるようになった。

その間、宿の主は初代の久一護男さんから2代目の久一博信さんに替わり、現在は博信さん夫妻が切り盛りしている。しばしば通い、食後も一緒に飲んだりするうちに、なぜ三虎YHではあれほど充実した食事を提供できたのかが話題に上った。

「食事では、儲けていなかったようです。たくさん来てくれたから、宿代だけでそれなりに稼ぐことができたんでしょう」

海上の私設桟橋から見た三虎の外観

三虎の潮湯

美しい砂浜が続く三虎の前

真鍋島

（まなべしま：岡山県笠岡市）

面積：1.49㎢

周囲：7.5㎞

人口：221人（2016年4月）

笠岡諸島の7つの有人島のひとつ。平安時代には水軍で知られる真鍋氏の本拠地があったとされる。最近では猫の島で知られる。「三虎」のほか美味しい魚料理を出す飲食店もあるなど、グルメ好きが来島する。

アクセス：笠岡港からフェリーないし高速船で。

ふつうの飲食業だとおおよそ3分の1といわれる原価率が、限りなく10割に近かったということになる。さすがに、現在営む旅館業の方ではそんなことはないが。

目玉となる地魚は、何人かの漁師と直接契約して、獲れた魚介類を丸ごと買い上げているという。水揚げされた鮮魚類は、共食いを避けるよう仕分けして、いくつかある生簀に放つ。余り長く囲っておくと、身が痩せてうまくなくなるので、元気のいいうちに使い切る。使い切らなくてはならない魚が多い時は、自ずと料理もモノすごい量になる。そんな時に泊り合わせたら幸運というものだが、まず食べきれないだろう。もちろん、通常でも魚介類好きには堪えられない内容だ。

また、魚の質に対するこだわりも半端ではなく、見るからにぷりっとした刺身がとれそうな鮮度抜群のタイなどでも、気に入らないと容赦なく塩焼きや煮つけにしてしまう。

2代目のヒロ君は、常に何かに挑戦していないと落ち着かないタイプで、訪れる度に宿に新しい施設を作ったり、これまで出していなかった料理を熱心に研究していたりと、土産物を開発したりと、動き回っている。お蔭さまで、全国各地の島料理を食べているぼくは、しばしば試作品の試食係をさせてもらい、つべこべ偉そうなことを言っている。

施設面での近年のヒット作は、目の前に無尽蔵にあるきれいな海水をくみ上げて沸かす、潮湯だ。石を組み合わせた浴槽は露天になっているので、半ば海の只中に浮かぶように、とろりとしたミネラルたっぷりの潮湯に、温泉気分で浸かることができる。夜ともなれば、満天の星や月を仰いで夜空を漂っているよう。夏には、そのまま前の海で泳ぎだす人もいるというが、その気持ちはよく分かる。そして、夏は波打ち際でウミホタルも妖しい光を放つ。

近年、ピザ焼き窯を作ったのも、お客さんに瀬戸内の海の幸を違った形で楽しんでもらおうと思ったから。運がよければ、タイの白子のピザなど、他では思いもつかないような絶品にありつけることもある。一時は、ワタリガニの塩釜焼きにも挑んでいたが、まだ定着していない。最近凝っているのは、さまざまな煮凝り。そして、アクアパッツァだ。

たっぷりの白ワインやオリーブオイル、トマト、そし

三虎の久一博信・みちるさん夫妻

三虎の潮湯から瀬戸内海を一望

て海の幸を煮込んだアクアパッツァに目覚めたキッカケが、料理で評判の三虎らしい。

２０１４年11月末、初めて開催された「瀬戸内シェフズサミット」の会場に、岡山や広島の大きなホテルやレストランではなく、小さな島の三虎が選ばれた。食材の生産者、地元や首都圏、京阪神圏の有名シェフ、岡山・広島両県の知事など延べ１６０人が参加したという。その時、東京広尾にあるリストランテ・アクアパッツァのオーナーシェフ日高良実さんの作ったアクアパッツァに魅了され、その後ヒロ君なりの料理を作り上げようと探求中だという。

２０１３年12月の成田―高松路線を先駆けに、松山や広島にもＬＣＣが就航して、ぼくが住む首都圏と瀬戸内海がずいぶん近くなった。そのため、この２、３年は三虎へシーズンごとに通っている。昨年の12月中旬に泊まった時に並んだ料理は、ハモやタ

三虎の料理：タコとハモの煮凝り

ナマコ酢のおろし和え柚子釜

ナゴヤフグの白子のポン酢和え

タイの塩釜焼き

炙りアナゴ

天然クルマエビとアコウのアクアパッツァ

コの煮凝り、ナマコ酢の柚子釜、ナゴヤフグの白子ポン酢。カワハギの姿造り、カワハギの肝、ナゴヤフグの刺身。ワタリガニの塩ゆで、タイの腹身とアナゴの塩焼き、揚げたメイタガレイの野菜あんかけ。キジハタ、クルマエビ、ムール貝、アサリ、ハリイカ、パプリカ、ドライトマトなどのアクアパッツァには、ラベンダー、ローズマリー、イタリアンパセリなどが散らしてあった。さらに、カサゴの丸揚げ、ハモのてんぷら、カボチャやシュンギクなどの天ぷら。

とても食べきれない。他のお客たちも、残念そうに食べ残している。しかし、うまい上にこれでもかという大量の料理を、ほぼ必ず平らげる人たちがいる。わざわざ三虎へ海の幸を食べにくる欧米人たちだ。

英語のガイドブック・ロンリープラネットで紹介されて20年ほどになる。また、数年前ぶらりと島へやってきて三虎に1月半ほど滞在して「マナベシマ」というフランス語のイラストガイドを書き上げたフロラン・シャヴエの本が出てから、フランス、スイス、イタリアなどのお客が急に増えたという。

いつ行っても話題に事欠かない島宿は、今後も刻々と変容し続け、ぼくもまた体が動くうちは通い続けるだろう。

◆津和地島《つわじしま》（愛媛県）――島産の魚介と野菜たっぷりの天然料理の亀川旅館

亀川旅館がある津和地島《つわじしま》は、愛媛県の瀬戸内の島ではほぼ最西端に位置し、山口県周防大島の属島情島《なさけじま》と向かい合うように浮かんでいる。今は、県都松山市に属しながら僻遠の県境の島になっているが、江戸時代は全く違っていた。

瀬戸内海を最短で航海する沖乗りルートは、人やモノが移動する全国随一の大動脈で、上関《かみのせき》（長島）、沖家室《おきかむろ》（周防大島）や鹿老渡《かろうと》（倉橋島）、三之瀬《さんのせ》（下蒲刈島）、御手洗《みたらい》（大崎上島）などと並んで、津和地は潮待ち、風待ちの港として重要な役割を担っていた。

参勤交代船や幕府公用船に乗っている諸大名、外国の使節、幕府の役人たちも当然立ち寄ったので、松山藩は彼らを接待し通行の便を図るため、津和地島にわざわざ本陣的な役割を果たす御茶屋（現在は跡地のみ）を設けたほど。

いかに津和地を重要視していたか窺える。

瀬戸内海の島で、料理の美味しい宿は少なくない。ただ、民宿でも1万円以上する場合が多く、料理のみ目当てのお客が主なので、料理以外の特長がないのが玉に瑕だ。

2014年4月に2回目の津和地島訪問で泊まったのが、天然料理を謳う亀川旅館だった。

夕食に並んだのは、ぷりぷりのアジの刺身、ねっとりしたタイの刺身、生のクロウニとサザエの刺身、大きなメバルの塩ふり焼き、サザエのつぼ焼き、津和地島名産の新タマネギたっぷりのなます風酢の物、ツワブキの煮つけ、エビや島で採れた野菜の天ぷら、新ワカメと身がたくさん残っている粗のお吸い物などなど。基本は天然ものなので、季節によって魚も野菜も変わり、夏はタコが旬を迎え、秋はアオリイカが登場し、冬はハマチが並ぶかもしれない。

宿の一代目であるオジィさんオバァさんが釣ってきた魚や、二代目三代目の獲ってきたタコなどが饗されることもある。それも、漁次第だ。野菜や山菜も、ほとんどが自家栽培や島産。

これで、1泊2食7500円（税別）の基本的な料理。予算を増やせば、料理はもっと豪華になる。広島から道後温泉などへ来る船のツアーも、よく亀川旅館に寄って昼食をとるという。瀬戸内の島には、手頃な食事場所が少ないからだ。

亀川旅館

亀川旅館で出た夕食の一部。2014年6月

八木さんお勧めの場所から津和地集落を一望

港で漁網を干す。タイやタコが水揚げの中心だ

宿のお勧めは、ワカメやコンブなど餌の養殖から手がけている、坊ちゃん島アワビ。エゾアワビなので、ふつうのアワビほど大きくはならないが、手頃な大きさで食べやすく、味も負けてはいない。70グラム前後のものが2個で、1600円（税別）。

一昨年の6月に再訪した時は、生ウニとサザエの刺身盛合せ、脂のたっぷりのったアジの刺身、カワハギの子の煮つけ、新鮮で身が弾けているメバルの煮つけ、サザエのつぼ焼きと空豆、あまり見かけない海藻は地元のウミソウメン、イカやエビと野菜の天ぷら、インゲンのゴマ和え、お吸物はカサゴ入り。

朝食には、豆苗のおひたしや島産の柑橘類カラマンダリンも。

小さな宿にしてはウェブサイトが充実していて、写真がとてもきれい。同じような風景を撮りたくてわざわざ津和地島まで来る人もいるという。

島に嫁いできて十数年で、10年近く前に自力でウェブサイトを開設した若女将の亀川しのぶさんによると、

「ホームページを作ったところ、遠方からのお客さんが増えました。その後、知り合いの専門家に作り直してもらったら、やはり違うんですね。さらに、遠くのお客さんが増えました。国

隣の怒和島で養殖中の坊ちゃん島アワビ

内で最も遠くからは、首都圏からのお客さんです。ロサンゼルスに住んでいる日本人が、新婚旅行でみえたこともありました」

写真も自分で撮ったものかと思ったら、島在住のアマチュアカメラマン八木住夫さんが撮影した力作を貸してもらっているという。

これといった観光ポイントはない島だが、遠来の客は好きこのんで端っこの島を訪ねるような人たちなので、のんびりできた、魚がうまかったと、ほとんどが喜んで帰るという。

亀川旅館では現況を逆手にとり、1時間半ほどかけて愛媛・山口・広島3県の県境を船で駆け巡る「県境クルージング」（6～10月）も催行している。潮時がよければ潮流体験できることもあれば、潜水艦に出会えることもある。4名以上で、要予約、宿泊客限定。

次に訪れる機会があったら、人数を集めて県境の海を白波蹴立てて疾駆したいと思った。

津和地島
（つわじしま／つわじじま：愛媛県松山市）
面積：2.85㎢
周囲：12.2㎞
人口：335人（2016年6月）
忽那諸島（くつなしょとう）に属し、有人島ではいちばん西側にあたり、広島県・山口県の島に近い。江戸時代は風待ち潮待ちのための重要な港のある島として大いに栄えたという。
産業：漁業、柑橘栽培など
アクセス：松山市高浜港からフェリー、高速船で。

（3）猫の島

◆津島《つしま》（愛媛県）――来島海峡大橋の絶景と昭和の家並み

しまなみ海道南端の来島《くるしま》海峡大橋を渡る時、北側の海にどっかりと腰を据えているのが津島だ。面積は1・5平方キロ、周囲約6キロと、それなりの大きさがあるが、現在の実人口は18人。一番の見どころは、集落と反対側の南岸から一望する来島海峡大橋だ。

しまなみ海道全体でも最大の橋で、世界初の3連吊橋としても知られる。北から960メートルの第一大橋、1515メートルの第二大橋、1570メートルの第三大橋が連なり、総延長は4キロを超す。

「津島から見る来島海峡大橋が、一番や」

確かに、島人が自慢する通りだ。優美なフォルムの大橋が三つそろって一望でき、正統派の美人を見ているよう。散らばる島々の向こうには、周辺では随一の都市で高品質のタオルや独特の鉄板焼き鳥などで、近年注目度アップ中の今治が遠望される。

「橋ができあがって行く間、完成してからもしばらくは、たくさん人が来たんやが……」

今は、ほとんど観橋客の姿は見かけない。代わりに増えたのが、農作物を荒らしまわるイノシシだ。ミカンは、鼻で上手に皮を剥いて食べるという。かつては、イチジクやビワ、ミカンの栽培が盛んだったが、今は高齢化して趣味でつくられているていど。

また、昭和30年代までは海運の島として栄え、三十数隻の汽帆船《きはんせん》が筑豊から京阪神へ石炭を運んでいた。それらの船が、盆や正月にはそろって帰郷するので、とても賑やかで活気もあったという。当時栄えた名残りだろうか、立派な木造住宅が今もたくさん残っている。

明治初期に亀山村だった津島は、１８９９年大字椋名《むくな》とともに独立して渦浦村《うずうらむら》となり、村は町村合併で１９５４年吉海町《よしうみちょう》（現今治市）となるまで存続した。渦浦という名前を聞いた時は、しびれた。いかにも当地にふさわしい名前だったから。津島が浮かぶ来島海

津島南岸から望む来島海峡大橋

峡は、瀬戸内海最大の難所として知られ、潮流が複雑に入り組み激流となる。実際に、鳴門の渦潮を思わせるような直径10メートルにも達する大渦（地元では八幡渦《はちまんごう》と呼ぶ）が出現することもある。

この3月（2016年）にぶらりと上陸した猫島佐柳島で、猫ツアーの船を操ってきていた津島出身の船長に、人一倍親しみを感じたのは、津島もそれなりの猫島だからだ。くたびれ気味だが落ち着いたたたずまいの家並みを縫いながら歩きたくて、2014年に津島を訪ねた。浮桟橋から上がるとまず出迎えてくれるのが、昭和初期に建てられた旧在郷軍人会館修徳館と戦後間もなく作られた公民館だ。レトロモダンな感じを受ける2棟に、想いは昭和前半に遡って行く。

集落を一望。奥は越智大島だ

昭和のまま時が止まったような家々と路地を堪能しながら歩いていると、おやっ？　猫が。あれっ、あそこにも3匹いるぞ。5年前に歩いた時は、何匹か見かけたていどで、こんなにはいなかった。島人によると、この数年徐々に増えてきたそうだ。

また、人口減少に歯止めはかからないが、数年前島に帰ってきた藤澤豊彦さんが自治会長になってから、大島のNPOと協力してイベントをしたり、今治や松山、東京の大学生や教員もやってきて祭りの復活を手伝ったり、最近では同じような高齢化、過疎化の悩みを抱える高知県黒潮町大方橘川地区との交流もしているという。島外の人たちとの交わりから、島を元気にする新しいものが見つかるといいのだが。

津島の家並み

港の前にある公民館

津島潮流信号所

津島小学校の跡地

港の前の広場は島人の憩いの場

津島

（つしま：愛媛県今治市）

面積：1.5㎢

周囲：6㎞

人口：18人（2016年6月）

芸予諸島に属し、大島の属島。来島海峡の入り口に位置し、航行の安全のため津島潮流信号所が設けられている。

産業：柑橘栽培など

アクセス：今治港から渡船、大島の幸港と間に渡船。

◈野島《のしま》（山口県）——子どもたち全員が島外から通学中

2015年4月下旬の日曜日、野島地域運動会を見学しようと防府《ほうふ》市の三田尻港から連絡船「のしま」に乗った。大きな船なのに、運動会に参加する島出身者や学校に通う子どもたちの家族、運動会に協力する島外の留学生、大学生、短大生、そして純粋な釣り客たちで溢れていた。

通常は、新造船の「レインボーあかね」が30分で運んでくれるが、代船は45分かかって到着。

野島に降り立つと、すぐに猫が出迎えてくれた。野島は十数年ぶりなので、猫の記憶は曖昧だ。

大の猫好きというほどではないが、猫を見かけるとついついレンズを向けてしまう。犬も嫌いじゃないが、よそ者に馴れていない島の犬は、大体が敵意を剥き出しにして激しく吠えかかってくるので、撮るのも大変だし楽しくない。所詮、イヌ！と感じてしまう。

野島の港

野島への上陸風景

その点、猫は自由気ままでレンズに動じないものも多いし、するりと逃げはしても、突っかかってくる輩は少ない。犬は上下関係を気にする勤め人のようだが、猫は我が道を行く自由人のようで屈託がない。

猫を見に来たわけではないので、素泊り の宿（しかない）に荷物を置いて、人が集まっている野島小中学校へ向かう。野島小学校は、4月から1873年の開校以来初めての休校になったが、中学生は6人在籍していた。全国的にも稀なケースだが、全員が島外から船で通学している。島出身や島在住の子どもは、2009年に小学校から消え、2012年には中学校からもいなくなってしまった。

野島地域自治会連合会長を20年以上務めている佐子吾郎さんが、学校と島の行く末に強い危機感を抱いたのは、PTA会長をしていた1982年だった。

「中学校の校舎が老朽化してきているので、中学生は船で本土に通学し、小学校は分校化するという話が、突如降って湧いた

野島地域運動会の盆踊り

野島地域運動会入場行進

んです。学校がなくなると島が急に衰える。なんとしても学校を残さなくてはという一心で動きました」

佐子さんは校長とともに、これまで通り野島小中学校を存続させて欲しいと、直接山口県に掛け合いに行った。熱意あふれる交渉の結果、そのまま存続が決定した。危機感を持っていても、島から出て行く人は止められない。

佐子さんは先手を打って関係諸機関を巻き込み、2002年茜島シーサイドスクール事業（豊かな自然環境、心温まる教育風土に恵まれた野島小・中学校に通学し、児童・生徒の心身の成長を図り、心豊かに生きる力を培うことが目的）を立ち上げた。

野島小・中学校では、伝馬船漕ぎや太鼓打ち、稚魚の放流、魚釣り、シーカヤック、無人島探検、秋祭り、文化祭やどんど焼きへの参加、注連縄作りなど、島ならではの体験に力を入れているという。自然環境に恵まれた島で勉強したい子どもや、大規模校に適応しづらい子どもたちなどが、本土から通ってい

閉鎖中の郵便局。つい最近復活したとか

旧野島中学校跡地

る。島人から宝物のように大切にされた卒業生たちの野島に対する愛着は深く、卒業後も運動会に通ってくる子も多いという。

　主役は中学生だが、多くの島人や島外の学生たちが参加した地域運動会は、天候にも恵まれて無事終了。本土へ帰って行く参加者を見送ってから、野島の島内を散策した。

　宿のまわりや集落のあちらこちらで猫を見かけて、パチリ。水が澄んできれいな津久見浜海水浴場や、その手前にある大笑い観音などを見学して港前の漁村センターまで戻ってくると、周辺の道路や花壇、畑などに猫が点々と寝そべっているではないか。

　これだけいるなら、猫島に認定してもいいだろう。そう思いながら、野島で撮った猫写真を数えたら、１００枚近くになっていた。

野島
（のしま：山口県防府市）
面積：0.73㎢
周囲：3.4㎞
人口：110人（2016年6月）
周南諸島に属し、山口県から約15km沖に位置する。島の北側には漁港があり、集落は北部に集中する。北東部の海水浴場には本土からも利用客が来る。本土からの児童、生徒の渡船通学を認める「茜島シーサイドスクール」で有名。
産業：漁業
アクセス：山口防府市三田尻港ー野島港（高速船：4往復／日：野島海運）

◈佐柳島《さなぎしま》（香川県）――チャーター船で乗り付ける猫客たち

この3月（2016年）の連休、4年ぶりに突然佐柳島へ上陸した。船は出航間際に飛び乗ることがあっても、島へ急に足を下ろすという状況はあまりない。でも、その日そんなことが起きたのだ。

志々島に新しくできたばかりの素泊り宿に泊まった翌朝、岡山県の真鍋島に住む友人が船で島まで迎えに来てくれた。公共交通機関を乗り継いで行くと半日かかる真鍋島へ、船ならば30分足らずで着いてしまう。

志々島を出てから真っすぐ真鍋島に向かっていた船は、佐柳島の手前で進路を西へ変えた。

「急ぐ旅じゃなかろう」

「うん、今晩真鍋島に泊まるだけだから」

船は、そのまま佐柳島の本浦港《ほんうら》へ入って接岸した。どうやら、ここに寄って行こうということらしい。浮桟橋の反対側には、定員70名の大きな観光船が停泊していた。思いがけず上陸した島で、観光船の船長と話をしたら、松山から猫ツアーのお客を乗せてきたのだという。昨日も、猫観光客を連れて来たそうだ。ここまで来たら多分と思って確認すると、

「2時に出航して、真鍋島へ行きます」

今晩泊る予定の真鍋島も、近年猫島として注目されている。

突然訪れた機会を利用して、猫と猫目当ての人たち両方を観察しよう。最後に佐柳島へ来たのは4年前の夏だったが、多くの猫には会っても猫客は見た覚えがない。この2、3年で急増したようだ。そういえば、東京に住む友人も先週佐柳島へ猫詣でしたばかり。

港待合所の前で、早くも若い女性二人連れの猫客と遭遇。側溝の猫と上からのぞく猫に見入っている。松山からの観光船ではなく、高松から猫目当てにフェリーで来たのだとか。隣接する猫島の真鍋島については知らないというので、余計なお節介で教えてあげた。

見渡すとあちらにもこちらにも、しゃがみ込む人影が点在している。皆、猫客らしい。集落のメインストリートを歩いていると、高そうな一眼レフカメラをつけた立派な三脚を担ぐ中年夫婦がやってきた。カメラグッズも服装も、雑誌から抜け出したようにキマッテいる。猫の撮影ですかと聞くと、にこやかに頷いて「いい写真を撮ってくださ

松山から来ていた猫客専用船

い」と返してくれた。少し先には、キャットフードを猫に差し出す人。もう、満腹なのか猫は見向きもしない。低い石垣に座り込んで、脇の花壇にいる猫に餌を与えている人も。

以前、猫が集まっていた山路酒店まで行くと、猫が10匹ほど思い思いの格好で寛ぎ、日向ぼっこに余念がない。筋金入りの猫客でなくとも、癒される風景だった。山路商店には、猫たちにあげてくださいと、餌を送ってくる猫好きもいるという。その後も、集落の至る所で猫と猫客の交流を目にした。イリコなどで猫の気を引いて、動きのあるポーズを撮ろうと狙う人も多い。防波堤の前に座る人のまわりに、猫が集まって寝そべっている。猫に好かれるタイプなのか。眺めていたら防波堤の上を歩いてきた猫が、空いている場所を

猫客の対応に慣れた猫たち

猫のメッカ山路酒店

この直後に、飛んだ

ピョンと飛び越えた。

飛び猫！　宙を飛ぶ猫の写真が最近人気になっていると聞いていたが、佐柳島も本場の一つらしい。少し粘って、1点くらいは飛び猫を撮るべきだったか。でも、しなやかに軽やかに飛ぶ姿を遠目にでも見ることができたから、いいとしておこう。

船長と話し込んでいた友人が追い付いて、お寺に行こうという。前回来た時は、ちょうど新しい庫裏を建築中だった乗蓮寺という古刹があり、そこのご住職と知り合いだという。まず、海辺にある両墓制の墓地を巡った。人が亡くなると、埋葬するための埋め墓とお参りするための参り墓の両方を作る習慣で、広く日本に点在していたようだが、今も色濃く残っているのは佐柳島など塩飽諸島とその周辺の島々だけになっている。

大きな枕くらいの石の角柱に俗名を刻んだものが埋め墓で、一般に見かけるような墓石が参り墓。埋め墓の周辺は手のひら大の玉石で埋め尽くされている。誰もが毎日のように墓参りをしていた時代は、埋め墓にはなんの印もなかったのだが、お参

両墓制の墓地

りの回数が減るにしたがって場所が分からなくならないよう、石柱を置くようになったのだという。

乗蓮寺を訪ねると、友人の飲み友だちというご住職が、本堂にあげてくれた。友人がこれから真鍋島へ飲みに行こうと誘うが、さすがに彼岸で突然訪れる檀家もいるからと、誘いには乗ってこない。そのうち、島を荒らしまわっているイノシシの話題になった。猟友会に頼んでこれまで20頭ほど駆除してもらったが一向に減る気配はなく、島人たちが作る芋などの農作物を片端から食い荒らしているという。

ご住職の案内で寺の裏山を登って竹藪に入ると、至る所に耕したような痕跡があった。タケノコ大好きのイノシシが、昨春に掘り返した跡だった。寺を後にして港の方へ戻って行くと、掲示板に「イノシシ注意！」というポスターを発見。最近、イノシシの出没情報が相次いでいて危険なこと、出会ってしまった時の対処方法などが書かれていた。

猫を見にきて、イノシシに襲われていたら世話はない。

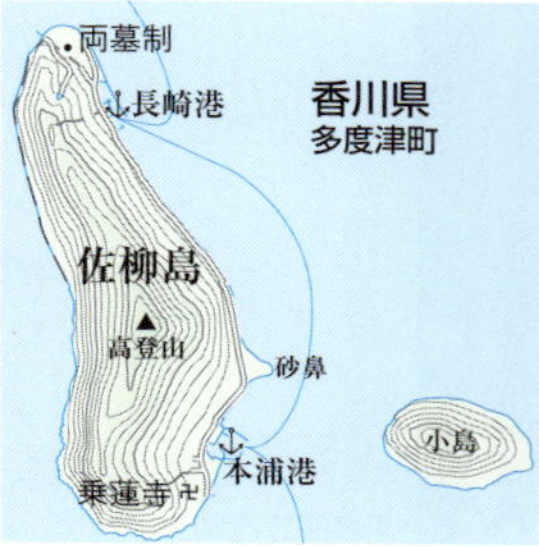

佐柳島
（さなぎしま：香川県仲多度郡多度津町）
面積：1.83㎢
周囲：6.9㎞
人口：84人（2016年6月）
塩飽諸島に属し、香川県多度津港から約14kmの沖合いに位置する。標高248mの高登山が最高峰。本浦、長崎という2つの集落があり、両墓制の島としても知られる。幕末に複数の島民が咸臨丸の船員として渡米した。現在では猫の島としても有名。
産業：漁業
アクセス：香川県多度津港─本浦港（フェリー：3～4便/日：長崎港まで2便　毎週土曜日のみは真鍋島まで運行。三洋汽船）

（4）歴史の香り漂う島

◆本島《ほんじま》（香川県）――島名に込められた誇りを勤番所と笠島に見る

塩飽諸島の中心島は、本島と呼ばれている。大島などは全国各地にあるが、本島は他にありそうで塩飽だけにしかない。日本全体の中心になる島・本州に対して、塩飽諸島の本島。かつては、瀬戸内海全体の中心・本島くらいの気概があったに違いない。

1590年、豊臣秀吉によって塩飽諸島1250石の領地を、人名《にんみょう》と呼ばれる650人の船方衆によって治めることが認められた。人名たちは島中と呼ばれる自治組織を作り、人名の中から選ばれた4人の年寄りによって、島の統治が執り行われ、江戸時代になっても他では類を見ない自治が許された。1798年、島務に与る役所として塩飽勤番所が建てられ、その後年寄り3人による統治体制となり、明治になるまで続いた。人名については、以下の通り。

――江戸時代、讃岐塩飽諸島の浦々の成員権者。一般農村の本百姓に相当。人名株を持つ者が、幕府御用の舟方として加子役を負担する代償に田畑の領知権と漁業権を保障され、島役人の選出に参加。（『広辞苑』第6版）より

本島の玄関泊港に降り立ち、重要伝統的建造物群保存地区であり多くの人名が居を構えていた笠島方面へ10分足らず歩くと、豪壮な長屋門のある土塀で囲まれたお屋敷が見えた。門の正面に立つと、入母屋造り本瓦葺きの立派な塩飽勤番所が迫ってくる。

明治になるまで人名たちによる自治政庁として使われた、全国唯一の貴重な歴史遺産だ。また、本島村成立以降は村役場、丸亀市と合併以降は本島支所として利用されてきたが、１９７０年国の史跡指定を受け、復元工事を行った後、１９７７年から歴史資料館として公開されている。歴史的建造物の多い笠島地区の整備が進む前は、本島一番の見どころであった。

展示されているのは、塩飽船は堺港へ優

塩飽勤番所

塩飽勤番所の長屋門

塩飽勤番所の朱印庫

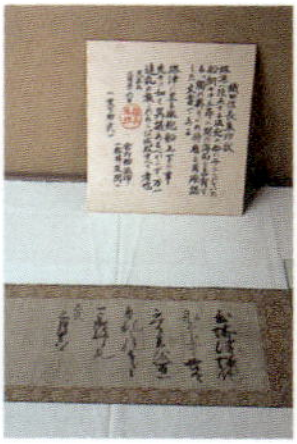
織田信長朱印状

塩飽藩札。勤番所

先的に入港できるとした天下布武の印がある織田信長の朱印状や、島津征討に際して塩飽衆に船を出すことを命じた豊臣秀吉の朱印状、関ヶ原の合戦の直後大阪城西の丸において渡された、塩飽にこれまで通りの権利を認めた徳川家康の朱印状、同様の趣旨の徳川秀忠の朱印状や豊臣秀次の朱印状など。

また、東廻りの海路図や高松藩との漁場論争の裁許書、塩飽藩札などもあった。さらに、咸臨丸に多くの塩飽衆が水夫として乗り組んだので、彼らがアメリカから持ち帰ったちょん髷帯刀姿の肖像写真、インクスタンド、コップなども展示されていた。

勤番所から笠島地区へ向かう途中、海岸沿いの車道から左にそれて坂になった細い

年寄り宮本家の墓

年寄り吉田彦右衛門の墓

笠島集落

笠島まち並保存センター真木邸

旧道を登って行くと、専称寺の前に巨大な石碑があった。すべて人名の墓で、特に立派な3基は年寄吉田彦右衛門の墓だった。人名の代表たちがいかに絶大な権力を持っていたか、窺われる。

専称寺から小径を下り歴史を感じさせる町並みを楽しみながら歩いていくと、笠島まち並保存センターとして利用されている真木《さなぎ》邸に行き当たる。年寄を務めた家柄の真木氏の屋敷で、江戸時代後期の建築。内部は公開されていて、担当の人が案内してくれる。2階の資料館には行器《ほかい》や携帯火鉢などの民具が展示されていた。

観光客の姿も消えて黄昏に包まれてくる時間に、淡い闇に沈みゆく景観の中をさまよっていると、密やかに住人の気配が伝わってくる。

虫籠窓や出格子、海鼠壁などを眺めながら港へ続く東小路やマッチョ通りをうろつけば、塩飽衆が街角から姿を現しそう。

そんなことを想いながら海辺まで行くと、目の前を長大な瀬戸大橋で遮られた。

笠島集落・目の前に瀬戸大橋が見える

重要伝統的建造物群保存地区になっている本島の笠島地区

本島

（ほんじま：香川県丸亀市）

面積：6.77㎢

人口：372人（2016年6月）

塩飽諸島の中心的な島。塩飽諸島は、高い操船技術を持つ塩飽水軍で有名で、江戸時代には他に見られない自治権が与えられた。この本島には塩飽勤番所が設けられた。笠島地区には江戸時代からの街並みが残っており、重要伝統的建造物群保存地区に指定されている。瀬戸内国際芸術祭の会場でもある。

産業：漁業

アクセス：香川県丸亀―牛島―本島（本島汽船）

岡山県児島―本島（六口丸海運）

◆大三島《おおみしま》（愛媛県）――国宝・重文の武具甲冑の8割がある

尾道からしまなみ海道を南下してきて、最初に愛媛県へ足を踏み入れるのが大三島だ。隣接する広島県の生口島とは多々羅大橋で、南の伯方島とは大三島橋で結ばれ、しまなみ海道の主要な島の一つになっている。

しまなみ海道が開通して、多くの旅行客やサイクリストで賑わうようになった最近は、多々羅大橋周辺にある多々羅総合公園、多々羅温泉、道の駅多々羅しまなみ公園、多々羅スポーツ公園、多々羅展望台、村上三島記念館、キャンプ場などが注目されるようになった。

かつては、大三島の表玄関だった宮浦港に入る定期船がなくなって久しい。本州と四国を結ぶ道路が、大いに栄えていた港を葬り去ったといってもいいかもしれない。宮浦港周辺には、今も土産物屋が何軒か残っているが、人影はまばらだ。その先には、大三島の象徴であり、古来唯一無二といっていい存在感を誇ってき

大山祇神社拝殿

大山祇神社の御桟敷殿

た大山祇神社《おおやまづみじんじゃ》が、鎮座している。

伊予国一宮の大山祇神社は、日本総鎮守であり、四国唯一の国幣大社、越智・河野両氏の氏神であり、武門・海・山の守護神として、長らく崇敬され続けてきた。それは、今も変わることはない。神社の背後にはピラミッド型の安神山や大三島最高峰の鷲ヶ頭山《わしがとうざん》（標高４３６メートル）がそびえる。

境内は意外なほどこぢんまりとしているが、国指定重要文化財の本殿や拝殿、宝篋印塔、国の天然記念物であるクスノキ群などがあり、清々しさに満ちた濃密な空間となっている。

全国の武将たちから尊崇され、戦勝祈願と戦勝のお礼として奉納された武具甲冑類は、夥しい数に及ぶ。

そのため、大山祇神社の宝物館には、国宝・重文に指定されている全国の武具甲冑類の８割が収蔵されるという、驚くべき集中度となっている。

大三島
（おおみしま：愛媛県今治市）
面積：64.5㎢
周囲：88.8㎞
人口：6,035人（2016年6月）
芸予諸島最大の島。国宝、重要文化財の宝庫である、大山祇神社で有名。
産業：観光など
アクセス：バス：三原、福山から。今治から。
船：今治港—宗方港
竹原市忠海港—盛港

源義経の奉納と伝わる赤絲威鎧《あかいとおどしよろい》・大袖付《おおそでつき》をはじめ、伝源頼朝奉納の紫綾威鎧《むらさきあやおどしよろい》・大袖付《おおそでつき》、河野通信奉納という紺絲威鎧《こんいとおどしよろい》・兜《かぶと》・大袖付《おおそでつき》、越智押領使好方奉納という澤瀉威鎧《おもだかおどしよろい》など以外にも、齊明天皇御奉納の禽獣葡萄鏡、護良親王奉納の牡丹唐草文兵庫鎖太刀拵、貞治五年丙午千手院長吉の銘がある大太刀など、国宝8点が目白押しだ。

源義経や源頼朝など、歴史ファンでなくてもよく知っている有名な武将が身に着けた鎧を目の前にすると、タイムマシンで一瞬にして時を遡るような錯覚に捕らわれてしまう。鎧を通じて歴史上の人物と会話できてしまいそうな妄想を掻き立ててくれて、飽きることがない。歴史に「もしも」はないというが、あったっていいのではないか。

また、大山祇神社と反対側の東海岸沖にある古城島の甘崎城跡は、7世紀後半に築城された日本最古の水軍城とされている。

城跡周辺の海底には大小の石垣遺構があって、年に数回ある大きな干潮の時は、大三島本島から歩いて渡ることができるようになり、地元では海が割れると表現する。そんな時は、700メートル以上の石積みを見ることもできる。

大三島最西端の宗方には、廃校の校舎を利用した宿泊施設大三島ふるさと憩の家があり、手頃な宿泊施設として利用されている。

大三島ふるさと憩の家

(5) 灯台で有名な島

◆百貫島《ひゃっかんじま》(愛媛県)——意外に優しげな海岸もあった監獄島

国土地理院の地図1枚で瀬戸内海全体をカバーしているものとなると、50万分の1の地方図「中国四国」になる。さすがに世界に冠たる多島海だけあって、大小の島が連なったり点在したりして、多くの海面を覆っている。そんな中にも幾つか島の少ない海域もある。特に目を引くのは、瀬戸内海中央部に広がる燧灘だ。

これだけ縮尺が小さくなると、島々にある膨大な数の灯台もずいぶん省略されて、大半が記載されていない。逆に、50万分の1でも残っている灯台は、それだけ重要なのだ。瀬戸内海の有人島を全部回ろうと、書斎の壁にこの地図を張っていたことがある。

ある日、燧灘の北西の隅に、ポツンと浮かぶ灯台記号を見つけた。ルーペで拡大してみると、灯台の下に記号より小さな島が隠れていた。それが、百貫島だった。同じような記号より小さい島がないか探したが、50万分の1では百貫島しか見つからなかった。

縮尺の大きな地図を見ると、東西に300メートルほどの小島だが、最高点は70メートルもある。確かに、灯台を設置するには向いている。さらに、小さな桟橋らしきものと、灯台まで続く徒歩道が記載されているではないか。島の百科事典「日本の島ガイド『SIMADAS（シマダス）』には以下のようにある。

――島名の由来は、公家が落とした刀を拾おうとした漁師がフカに食われてしまい、供養のため島を銭百貫で買ったためとも、大阪の豪商が大事な一人娘を葬るため銭百貫で買ったからだとも、博多の豪商で茶人でもあった神谷宗湛が、太閤秀吉と桃山城や聚楽第で豪遊の帰り、京一番の美しい芸妓を太閤より贈られて連れて帰ろうとしたが海に身を投げてしまい、翌朝に櫛だけが打ち寄せられていたこの島を銭百貫で買い受けたからだともいわれている。（略）

明治27年に灯台が設置された。灯台が無人化されるまで、常駐する灯台職員には「監獄島」と呼ばれたという。（略）

昭和37年10月灯台の自動化に伴い無人島化した。

海から突き出る尖がった山。

島のイメージを言葉にすればそうなるだろう。だが、想像

中央上に小さく百貫島が写っている

に叶うような島影は滅多にない。ましてや人が住む島では、そんな形はほとんどない。日常生活を送る場所が確保できないからだ。しかし、瀬戸内海にかつて灯台守が暮らしただけでいいならば、該当する島がある。

それが、百貫島だった。

機会があれば行ってみたいが難しいだろうと思っていたのだが、この春友人たちと海上タクシーをチャーターして燧灘を駆け巡った時、天気にも海況にも恵まれたので上陸を試みた。

東の方から遠望した時は、見事な円錐形で海岸線は断崖で囲まれ、取りつく島もなさそう。南に回り込むにつれ、多少穏やかな表情に変わったが、灯台の足元は直接海岸まで雪崩落ちる断崖になっていた。大きな地震でもあれば、灯台ごと海まで崩れ落ちてしまいそう。

さらに西側に回り込み、舳先を突堤の先端に密着して、梯子段をよじ登った。突堤の上に立って見渡すと、思いがけな

百貫島灯台の下は急崖

西側から望む百貫島

い光景が広がった。西側の海岸線は小砂利のなだらかな浜になっていて、その先端は洲を形作って海へ伸びている。好天ならば、1日寝ころんでいても気持ちがよさそう。急に気分はピクニック。突堤のコンクリートが終ると、踏み跡が現れた。それに導かれて藪に入ると、そこにも小径が山の上へ向って伸びている。竹藪を抜け林を潜って、九十九折の小径は続いていた。海岸から登りはじめて数分。灯台に到着した。

一部は木が繁ったりして360度見渡せるわけではなかったが、南側と西側は見通しがよく、大煙突が解体されて確認しづらくなった四阪島も、間近に見えた。今日は天気がいいのでひたすら絶景だが、

百貫島灯台

接近して南側から見た百貫島

百貫島西側の砂州

梯子段を登って上陸

嵐に閉じ込められた時はまさに監獄そのものだろう。
志賀直哉の「暗夜行路」に、尾道で夕暮れ時に散歩する情景として「其頃から昼間は向島の山と山との間に一寸頭を見せている百貫島の燈台が光り出す」という一文があると聞いていたが、百貫島に上陸した帰り道、思いがけない状況で百貫島に再会した。

百貫島へ連れて行ってくれた海上タクシーに尾道まで送ってもらい、広島空港行のバスに乗るべく、山陽本線の列車で尾道から三原に向かう途中（尾道と糸崎の間）、さっき足跡を印したばかりの島影が突然現れてビックリ。布刈瀬戸に架かる因島大橋の彼方に、ちょこんと浮かんでいた。そういえば、橋の彼方にあんな島を見た覚えがある。でも、まさかあれが憧れの百貫島だったとは。一瞬の車窓劇場に妙に心ときめきいい１日だったと思った。

百貫島
（ひゃっかんじま：愛媛県上島町）
面積：0.04㎢
人口：0人
弓削島より東方約４kmの無人島。平成の合併前は弓削町に属した。1894年に灯台が設置され灯台職員が定住。1962年の灯台自動化に伴い無人島に。

山陽本線尾道―糸崎間の車窓から見た因島大橋の中央下に浮かぶ百貫島

◆鍋島《なべしま》（香川県）——乗物から見下ろせる歴史的灯台

現在は、瀬戸大橋が架かる周辺の島々、塩飽諸島《しわくしょとう》を巡っていると、よく目にする灯台がある。周辺を航行する船の上からはもちろん、北備讃瀬戸大橋の上を通行するクルマやバス、さらにはJRの特急やマリンライナーからも見ることができる。ただし、鍋島の真上に近い場所を高速で通過するので、油断しているとすぐに後ろへ飛び去ってしまうから要注意だ。上から気軽に見下ろせる保存灯台は、全国広しといえども鍋島灯台だけだろう。

鍋島は、瀬戸大橋のサービスエリアがある与島と長さ100メートルほどの防波堤で繋がっている。面積は0・01平方キロメートルで標高は20メートルという小島だが、備讃瀬戸北航路や東航路を行く船は鍋島灯台を頼りに航行している。緑と赤の光が交互に放たれ、光の

坂出行の路線バスから鍋島を望む

届く距離は約20キロメートル。

英国人技師リチャード・ヘンリー・ブラントンの設計監督で、1872年11月15日に設置点灯された。灯台を建設するためには、土木や建築、機械、天文などさまざまな知識と技術が必要だったので、近代日本黎明期において灯台建設が西洋の技術導入の先進的役割を果たしたと言ってもいい。技術も機具も恵まれていなかった明治時代、現在でも渡るのが困難な島や峻険な場所に、よくぞ立派な灯台を作ってくれたものだと、感動することも少なくない。

1991年3月、人間の滞在による直接管理から定期見回りによる保守に変更され、鍋島灯台は無人化した。灯台職員の宿舎であった退息所は、高松市の四国村に移築された後、2000年に国の登録有形文化財となっている。また、灯台本体の文化遺産的な評価も高く、全国でも数少ない保存灯台であり、経産省から

与島と鍋島

JRマリンライナーから鍋島を見る

近代化産業遺産群にも認定されている。

――海上保安庁では、明治時代に建設された64基の灯台について、歴史的・文化財的に価値が非常に高く、我が国の西洋技術を導入した築造技術の黎明期の産物であり、後世に継承すべき貴重な財産として保全作業を実施しています。（海上保安庁のウェブサイトより）

その中でも、特に歴史的文化的な価値の高いもの23基をAランクと格付けしている。一般的には、Aランクのものを保存灯台と呼び、瀬戸内海にあるのは男木島灯台、釣島灯台、そして鍋島灯台の3基のみだ。

また、高松海上保安部※によれば、鍋島灯台は停止信号の役割も果たしていたという。

――鍋島灯台が建設された当時、東西に470キロほどある瀬戸内海にはわずか5基（江埼灯台、部埼灯台、和田岬灯台、釣島灯台、鍋島灯台）の灯台しかありませんでした。それだけの灯台で潮流が速く、地形も複雑な瀬

与島と接する鍋島

高松海上保安部：http://www.kaiho.mlit.go.jp/06kanku/takamatsu/index.html

戸内海を夜間航行することは非常に困難なものでした。そこで鍋島灯台は、夜間航行する船舶の停泊地までの目標に使用し、夜明けを待って航行するための停止信号として使われていました。同じような灯台として釣島灯台（愛媛）も停止信号として使用されていたことが、明治初めの灯台当直日誌に残っています。

日頃は公開されていない鍋島灯台だが、灯台記念日（11月1日）に公開されることもあり、期日が近づくとウェブサイトに情報がアップされる。また、同じ時期に坂出市観光協会が、鍋島灯台見学ツアーを催行することもある。

鍋島灯台

鍋島
（なべしま：香川県坂出市）
瀬戸内海の中央、芸予諸島にあたる。
面積：0.01㎢
人口：0人
与島と防波堤で結ばれている無人島。イギリス人ヘンリー・ブラントンが設計・施工した鍋島灯台（完成：1872年）があることで有名。

与島から鍋島へ続く突堤

鍋島灯台

本島行きのフェリーから望む鍋島と瀬戸大橋

◈釣島《つるしま》（愛媛県）――純然たる洋式建築の旧官舎が全国唯一今も残る

数十年も前から松山市だったのに、1994年やっと釣島に接岸するようになった定期船は、隣の中島町（現松山市）の町営フェリーだった。定期航路が通うようになっても、松山から釣島灯台を見学に行って帰ってくることはできなかった。

釣島に宿はなく、当初見学後は沖の中島まで行って泊るしかなかった。現在は、ダイヤが改正されて、三津浜か高浜を9時過ぎに出て、16時過ぎには戻って来れるようになった。小島に6時間滞在するのに二の足を踏むかもしれないが、以前と比べると格段に訪れやすくなったということは知っておいて欲しい。そして、釣島の半日は意外と退屈しない。

島の人たちは、よくそんな不便に耐えていたと思うが、タコ壺漁と柑橘作りが盛んな島で、大半の人が自家用船を操るので、それほど不便には感じていなかった（我慢していたと思う）という。釣島だけではなく対岸の興居島《ごごしま》にも畑があり、柑橘栽培のために通っているので、船は漁業だけではなく農業にも欠かせなかった。

釣島灯台は、1873年夥しい島や岬がある愛媛県で最初に建設された灯台であり、歴史的文化的価値が特に高いとしてAランクの保存灯台（鍋島灯台参照）に選定され、経産省の近代化産業遺産にもなっている。それ以外に、集落に近く島人たちになじみ深いとい

釣島集落と釣島灯台(右端)

釣島灯台と旧官舎

う特徴が挙げられるだろう。１９８９年に旧官舎を四国村へ移築という話が持ち上がった時、釣島町内会はすぐさま現地保存の要望を出している。灯台の案内板には、以下（一部略）のようにある。

――この旧官舎・倉庫は、釣島灯台に付帯して建てられた灯台職員用の宿舎・倉庫である。灯台本体とともに明治四（一八七一）年九月に建設工事に着手し、明治六（一八七三）年七月に竣工、昭和三八（一九六三）年四月の灯台無人標識化によってその役割を終えた。

――設計はリチャード・ヘンリー・ブラントン。明治元（一八六八）年、イギリスより来日したお雇い外国人のひとりである。

――この旧官舎・倉庫は、明治時代に建てられたいわゆる洋風建築と違い、純然たる洋式建築である。明治初期の官舎が後世まで大きな改造もなく、現地で当初の姿を保っているのはここ釣島灯台のみである。

なるほどそうなんだ。でも、勉強はこの辺で切り上げよう。船が来るまでずいぶん時間がある。それならば、とろけるような島時間に浸ろう。目の前に重なり合って横たわり、無人島も点々混じる忽那諸島と沖行く大小多種多様な形の船を、ぼんやりと眺めていたい。

釣島灯台

釣島灯台旧官舎

そんな行き交う船の安全を守るため、隣の興居島から開拓移民が入って8年しかたたない1871年、はるばる英国から極東の島国の小島へやってきた技師は、どんな思いを抱いていたのか。

一般の島人は灯台建設の調査にくると知らなかったため、測量船から異人が上陸してきた時、女子どもは山に逃げ込み、代表者は裃姿の礼装に帯刀して応対したという。

ブラントンは高い給料にも惹かれたかもしれないが、未知の国、謎の国であった日本に対する憧れや強い好奇心もあったに違いない。もしかしたら、新興国として独り立ちを模索する人たちを手助けしたいと思ったかもしれない。

釣島に根を張って身じろぎもせずに、初点灯から150年近く光を放ち続ける凛とした灯台を見ると、彼の誠意を感じずにはいられない。

石段に座って空を仰いでいたら、繰り返し飛行機がやってきた。

松山空港に着陸する飛行機は、釣島上空をかなり低空で通過する。

そういえば、上空から幾度釣島を眺め、白く輝く灯台に挨拶したことだろう。

いろいろな想いが、釣島の上で交錯しているようだった。

釣島灯台

港の前でテングサを干す

船溜まりには小さな漁船がいっぱい

釣島分校は2012年春から休校中

釣島

（つるしま：愛媛県松山市）

面積：0.036㎢

周囲：2.9km

人口：56人（2016年6月）

松山沖の有人島。ヘンリー・ブラントンが設計・施工し1873年に完成した釣島灯台がある。釣島灯台旧官舎は松山市有形文化財。

アクセス：松山市三津浜港よりフェリーが1日2便寄港。

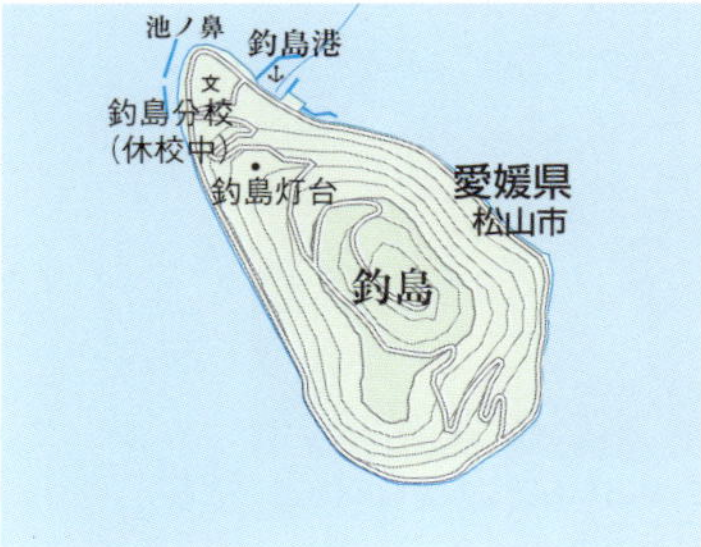

（6）花が咲き誇る島

◆因島《いんのしま》（広島県）――かつて瀬戸内を大いに潤した除虫菊の余韻

3年前（2013年）のゴールデンウィークに因島《いんのしま》を訪れた時、参道から山頂まで至るところに点在する五百羅漢で知られた白滝山《しらたきさん》へ登り、多島海としまなみ海道の景観を楽しんだ。宿は、山麓にあるヴォーリズ建築で登録有形文化財の「いんのしまペンション白滝山荘」だった。

建物の中を見学した時、棚に飾ってある「昭和23年頃のファーナム邸」という写真に目が引きつけられた。白滝山荘に、元々は宣教師ファーナムが住んでいたので、こうも呼ばれている。現在、周辺には建物や木立などが多いけれど、当時は見事に耕された畑になっていた。

宿のご主人にたずねると、一面除虫菊（蚊取り線香の原料）畑だったらしい。ご本人が見たわけではないが、古老からそんな話を聞くという。そう言えば、今頃花が咲く季節ではないか。確認したところ、やはりちょうど

白滝山から望むしまなみ海道の生口橋

因島北部　除虫菊の名所の図。全体図は189ページ参照のこと

見頃を迎えているはずだとか。

翌朝チェックアウトした後、除虫菊鑑賞ポイントに案内してもらった。白滝フラワーラインや因島マリーナ前などにも観光用の除虫菊畑はあるが、畑2、3枚ほどの広さしかない。クルマで連れて行ってもらったのは、重井西港を見下ろす馬神の段々畑に通じる農道入口。5分ほど歩くと、見上げても見下ろしても除虫菊畑という場所に差しかかった。大出雅彦さんという方が一人で世話をしていて、総面積は20アールにおよび、他の除虫菊畑より圧倒的に広いという。それでも、1963年に記録した因島市の最大栽培面積270ヘクタールに比べると、千分の一にも満たない。当時、いかに広大な除虫菊畑が因島を占領していたか分かるだろう。

いんのしまペンション白滝山荘

昭和23年頃のファーナム邸

除虫菊の世話をするために辿る小径が、馬神の段々畑を縦横に縫って伸びている。そこを登ったり下りたり、横へ進んだり、しゃがんだり、見下ろしたり、背後に広がる風景を絡めて、さまざまな角度から除虫菊を眺め、撮影した。

ありふれているが、やはり青い瀬戸内海とのコラボが、しっくりと馴染む。海辺には立派な瓦の屋敷が多く、庭木も手入れが行き届いている。

海岸まで直接降りようと試みたが、下るにつれて小径は薮の中に吸い込まれて消えた。農道が整備されていなかった時代は、浜にある家から山の上の畑まで、最短距離で直登していたから、踏み跡のような道も生きていた。それが、農道という新兵器が段々畑にクルマを誘い込み、そこから上下に人が動くようになったので、浜まで下る道は消えたということか。仕方なく新しい作法に従って等高線沿いに

重井西港を見下ろす馬神の除虫菊畑

つけられた農道を、重井西港まで下る道へ戻った。これから、三原まで船で渡るつもりなのでちょうどいい。

船上からも馬神の除虫菊畑を眺めた。畑の中をさまよっていた時、とても広く感じたのに、遠望すると、島の斜面に小さな綿くずをいくつか置いたようにしか見えなかった。わざわざ畑の中まで行った甲斐があったと、改めて思った。

瀬戸内の島々を覆う花といえば除虫菊を思い描くのは、どの世代までだろうか。以前は、瀬戸内海の島の主要なイメージに、除虫菊に覆い尽くされて天まで至る段々畑があった。前回瀬戸内芸術祭の会場になった高見島では、島の一大産業だった除虫菊栽培にちなんだ「除虫菊の家」という作品が制作されたほど。

殺虫成分が科学的に作られるようになったため除虫菊が作られなくなった後は、キンセンカやマーガレット、ストック、寒菊など、観賞用の花卉栽培に移行したところもある。

1000年も前から米という同じ作物を生産し続けている田んぼと違って、島の段々畑は流行りすたりが大きい。瀬戸内の島々で盛んだった除虫菊栽培は、特に因島北部の重井周辺はメッカといえるほどだった。除虫菊がもっとも隆盛を誇ったのは昭和30年代。昭和

40年代に入ると急速に衰え、50年代にはほぼ消え果ててしまった。まさに、盛者必衰の理をあらはす、を地でいったといえる。各地の資料館に写真で残されている、まるで雪に覆われたような島の姿を、一度この目で見てみたいが、見果てぬ夢だろうか。

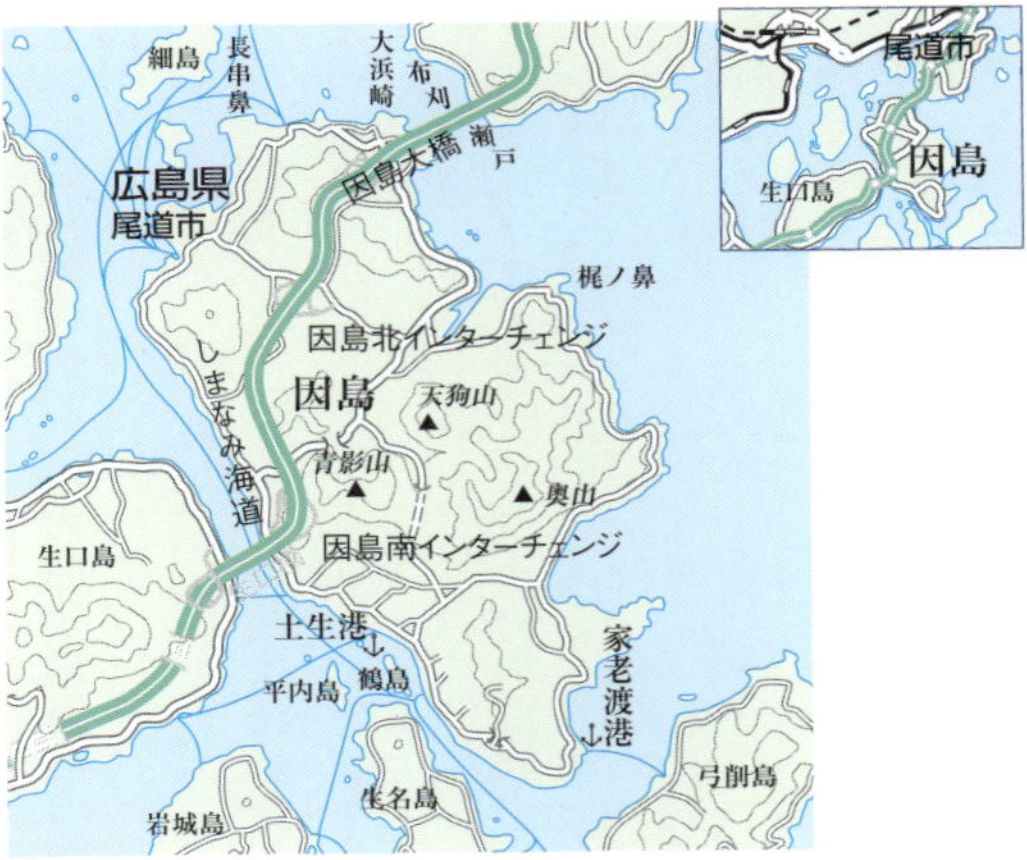

因島
（いんのしま：広島県尾道市）
面積：35.03㎢
人口：24,122人（細島含む。2016年7月）
尾道から約17km南に位置し、しまなみ海道を構成する島のひとつ。芸予諸島の島である。旧因島市。古くは村上水軍の本拠地として知られる。1983年に因島大島が開通し、本土につながる。また、1999年「しまなみ海道」全通により四国にも結ばれた。最高峰は奥山で390m。また、五百羅漢の石仏が点在する白滝山（227m）も有名。
アクセス：高速バスが尾道、福山から通う。船は、三原港から佐木島を経て土生港、重井西港までフェリー、高速船あり（土生商船）。また尾道～瀬戸田航路（瀬戸内クルージング）では重井東港に立ち寄る。島の南西部の土生港から近隣の弓削島、生名島、岩城島にフェリーでアクセスできる。また、家老渡港からも弓削島に渡れる。

白滝山から望む
瀬戸内海

◆岩城島《いわぎしま》（愛媛県）――天空を巡る桜の回廊にほれぼれ

最初に岩城島へ渡った時、天空を巡る桜の回廊に目を奪われた。といっても、現物ではなく写真。春になると岩城島の最高峰積善山《せきぜんさん》（標高370メートル）の山頂を巡る桜並木が見事に咲き誇り、まるで花の冠を戴いたようになるというのだ。

それから十数年たった2014年、やっと桜の季節に岩城を訪れることができた。港近くの「民宿よし正」でうまい瀬戸内の幸を堪能して1泊。翌朝8時50分、宿に荷物を預けて桜が満開という積善山山頂を目指した。中学校まで行くと、山頂部分に連なる桜並木が見えてきた。昨夕は黒っぽかった山頂周辺が、今日はほんのり白らんで期待が高まる。校門前に座っていたオジさんに確認すると、ちょうど見頃、と嬉しいことを言ってくれた。

急ぐ必要はないので時々立ち止まっては、登るにつれて刻々と変化していく、島々と海が織りなす風景を楽しむ。橋は架かっていないが、地理的にしまなみ海道のほぼ中央に位置する島なので、周辺には典型的な多島海の景観が広がっている。

ヘアピンカーブまで来ると満開の桜がそびえ、見落としたらどうしようと案じていた登山道の入口は、そのすぐ先にあった。

足の調子を考えながら、ゆっくりと登る。ベンチなどがあると休んでは、珍しい地元の

積善山山頂周辺を巡る桜並木

柑橘類安政柑《あんせいかん》で喉を潤す。

上り坂の連続でさすがに汗が噴き出し、Tシャツ一枚になった。風が爽やかで、絶好の登山日和、花見日和だ。山腹でも、ところどころ桜が続いている場所があり、撮影ポイントには事欠かない。集落や遠くの島々の風景も、大らかな気分にさせてくれた。

山頂近くまで来ると、展望台へ続く遊歩道と駐車場がある車道へ下る分岐点に出た。駐車場で、誰かが店を広げはじめていたので、覗いてみることにした。駐車場周辺の桜もなかなかいい。今が一番の花盛りで、明日あたりからちらほらと散りはじめるのではないか。

露店で気になったのは、種類が豊富な柑橘類。もちろん、安政柑もある。たまみやはるかに似た柑橘など、2、3個ずつ買おうと思ったが、ビニール袋に詰め放題で250円なので、そちらがお得と勧められ、つい手を出してしまう。

あまり重くならないようサクッと入れたら、もっと入ると詰め込まれてしまった。嬉しいような、困ったような、複雑な気分。

山頂付近の駐車場は2カ所あって、一番奥は10台ほどしか停まれない。係り員がトランシーバーで情報交換しながら、最奥に空きがある時に希望するクルマだけ通し、残りはこの駐車場に誘導するのだ。もっと下にも駐車場があるという。気持ちの良い天候の日は、少しは歩いた方が気持ちがいいに違いない。満開の桜を愛でながら車道を進むと、上の遊

岩城島

（いわぎしま：愛媛県上島町）

面積：8.95㎢

人口：2,132人（2016年6月）

瀬戸内海の中央、芸予諸島にあたる。柑橘類の栽培で有名。

アクセス：因島への航路が中心。岩城港から佐島、弓削、生名を経て因島土生港への航路がある。また岩城島北部の小漕港からは洲江（生口島）港への航路がある。

積善山の桜見客

積善山で柑橘を売る

岩城の桜を使った商工会女性部のパン

桜と妙見メンヒル

歩道へ続く小径があった。排気ガスを浴びないよう、尾根沿いの柔らかな土の道を行くことにした。

遊歩道沿いもまさに爛漫。コバノミツバツツジも満開だった。山道はなかなかの急坂で、下ってきたツアー客らしい老人グループは四苦八苦している。膝の負担が少ないからと後ろ向きに降りてくるオバァさん、遊歩道の手すりに跨り滑り降りようと試みる人、立ち止まり立ち止まり悲壮な表情で下ってくるオジィさん。展望台の手前で弁当を広げている7、8人のグループと立ち話をした。どこからと聞かれたので、千葉からと答える、へ〜わざわざ、と一斉にざわめく。さすがに、首都圏からの客は少ないらしい。急

桜と出船

坂を登りきると、山頂だった。到着したのは10時40分なので、約2時間かかったことになる。
展望台の一番上まで上がると、360度の景観が開けた。期待通り、素晴らしい。南北に稜線を縫うよう見事な桜並木が続いている。桜の花ももちろんだが、取り囲む海と散らばる島々が背景となって、繊細にして雄大な景観を形作っていた。どの方角を眺めてもそれぞれ美しいので、嬉しさのあまり右往左往しながら、半時間以上粘ってしまう。最初はそれほどでもなかったが、降りてくる頃にはかなり人が増えて大賑わいになっていた。
奥の駐車場まで下り、帰路は違った景色が開けるだろうと、車道を歩くことにした。車道沿いも遊歩道に負けない満開の桜の連続。楓の若緑が桜の淡紅色と響きあって一段と美しい。

駐車場の手前に、商工会女性部のオバちゃんたちがテントの店を出していた。野草や山菜の揚げ立て天ぷら、ジャコ天、おこわの弁当などにも心引かれたが、結局手作りパンを選んだ。

塩漬けにした岩城島の桜花をのせた餡パンは、紅麹の色素も使っていてきれいな桜色。紅麹と塩漬け桜花の花柄まで一緒に練り込み、天然酵母を使って焼いたパン。クルミやナッツ、レーズンを練り込んだパン、３個セットで３００円。

花見のお供にふさわしいパンたち。

ビールも買ったら、酒の肴にと揚げたて熱々のワラビの天ぷらをくれた。


「ついでに、女性はいりませんか」

「あっはっは」

「そんなこと言って」

オバちゃんたちの、底抜けに明るい笑い声が響き渡る。元気のいいオバちゃんたちに、「じゃ三つ」と応じると、再び爆笑が満開の桜花を震わせた。

パンは期待に背かない上々の味。食べ終わってから、勝手にアドバイスした。

「なかなか美味しかったです。岩城島の桜、食べませんか？　なんて看板に書いてあると、もっと目を引くのに。岩城島の桜を使っていると強調した方がいいですよ」

オバちゃんたちも、なるほどと頷いている。

駐車場の片隅にある「善を積む人の集える花見かな」と刻まれた石碑の前に、老いた善男善女が集って花見の宴を開いていた。

地元の老人会かなにかの花見なのだろう。

穏やかな春風が頭上を吹き抜けると、花びらが一ひら二ひら彼らの上に散り落ちる。和やかな時が、桜の花と人生の終盤に差し掛かった人たちの間を静かに流れていた。

◆小手島《おてしま》（香川県）——春先に咲き乱れる源平桃

「この数年源平桃を増やしてきたんですが、最近は見事ですよ。一度見に来てください」

小手島の自治会長岡田薫夫さんにそう誘われて気になっていたが、サクラとほぼ同じという限られた季節に、狙い澄まして行くのはなかなか難しかった。

2014年の春先、岡山県南端の真鍋島《まなべしま》まで行った時、福原浜にある島宿三虎から、香川県の小手島が目と鼻の先に見えた。これは千載一遇のチャンスではないか。宿の主人久一さんに、鮮やかな紅白ピンクの花をつける源平桃（ハナモモ）を見に行かないか誘うと、ぜひ自分たち夫婦も、ということになった。

近海では小手島だけ未踏という海上クシーの藤原船長と非番だった真鍋島の駐在さんも参加して、5人で隣の島まで出かけた。

昼食を終えた午後、クルーザーは三虎の桟橋から滑り出した。小手島が近づくと、源平桃が斜面に点々と灯っている。わずか10分ほどで小手島に到着。接岸して待っていると岡田さんがやってきて、一緒に風景を楽しみながら花見の散策をすることになった。

港正面の花壇でも、近くの民家でも、源平桃がまさに花盛り。海岸沿いの安井さんの家

手前の船と背景が融け合う安井さんのアート

の前に来ると、かつて自分が操っていた海上タクシーの船体を素材にしたアートが展示してある。背景と溶け合って、一瞬船が分からない。坂を登って行くと、竹やぶの竹の下の方が金銀や赤に塗ってあったり、道路の法面にも画が描いてある。これも、島人のアートだとか。

「昨日小学校の入学式（2011年春以来の再開式も）だった今中章乃ちゃんが生まれた年に植えたので、まだ6年しかたっていないんですよ」

と、岡田さん。

にもかかわらず、法面の上の源平桃は見事な咲きっぷり。あと4、5年もたてば、かなりの迫力で頭上から迫ってくるのではないか。小中学校の前を通り過ぎる時、校庭ではソメイヨシノが咲き誇っていた。中学生は卒業してしまったので、小中学校にただ1人。

学校前から墓場への角まで行くと、すぐ下の家の源平桃が大木になっていて、花がこれまた爛漫と咲いている。角の上手の家では、ソメイヨシノが満開だ。桜の大枝に繋がれている犬が、キャンキャン叫んで飛び回るたびに、花びらが牡丹雪となって降り注ぐ。墓地への道端には、淡紅色のコバノミツバツツジが群れ、清楚で美しい。

島の北側にある大倉ファームへ向かう道も、一部が桜並木になっていた。植えて10年くらいだろうか。大倉ファームのはるか彼方、島最北端の小高い所で桜が咲き乱れている。

「昔は、よくあそこまで花見に行ったんですよ」

十数年ぶりの久一さん夫妻と初小手島の2人は、手作りアートで感動し、源平桃の桃源郷に歓声を上げ、四季折々美しい大倉ファームの別天地のような風景に賛嘆の声を惜しまない。

「真鍋島はかつて花の島と言われたんじゃが、今は小手島に完全に負けとるわ」

と、久一さんも脱帽だ。初めて中国地方から四国地方へ越境してきた駐在さんも、物珍しそうにきょろきょろ。目の前の島でもなかなか上陸できないので、今日は誘ってもらっ

小手島の位置図

てよかったと、久一さんに感謝の言葉を述べている。藤原船長も思いがけない光景だったようで、感動をあらわにしていた。岡田さんは、みんなに喜んでもらえて嬉しそう。確かに、褒めたたえる価値はあった。

しばらく大倉ファームを堪能してから、来た道を戻った。途中の分岐で岡田さんの家の方へ下っていくと、びっしりと咲きそろった源平桃の並木が現れた。元々は佐柳島の大天狗神社境内から一枝もらってきたのが、小手島の源平桃の発祥らしい。

一番古そうなのは、岡田さん宅周辺と、墓地へ下る角の家のものだろう。こぞって植えはじめたのは、この数年だという。桜はどこにでもあるので、他と違うものをと岡田さんたちが植

大倉ファームで咲き誇る源平桃

大倉ファームから望む瀬戸内海。左から高見島、小島、佐柳島

北木島へ沈む夕日。左は真鍋島

えはじめた。大倉さんも賛同して、自分の農園にせっせと植えている。

岡田さんの家の周辺は、大倉ファームほど空間が開けていないので、花の密度がより高かった。途中で脇道に入ると、岡田さんと親戚の人が一緒に開墾しているという畑があった。

拓いたばかりで遮るものがなく、西の方にたくさんの島々を望むことができる。

佐柳島、六島、真鍋島、真鍋大島、北木島《きたぎじま》などが、鈍く光る海にくっきりと浮かんでいた。

岡田さんたちは、第二の大倉ファームにしたいと意気込んでいるそうなので、数年後の変貌が楽しみだ。ここから見る夕日が素晴らしいだろう。後で見に来なくては。日が傾き出した頃、真鍋島へ戻る人たちを見送り、一人残されたぼくはまた港から夕日の丘へ向かった。

小手島

（おてしま：香川県丸亀市）
瀬戸内海の中央、芸予諸島にあたる。

面積：0.60㎢

周囲：3.8㎞

人口：34人（2016年7月）

丸亀市から北東約16km。イカナゴ漁やタコ漁が盛ん。源平桃で知られる。

アクセス：丸亀港から広島、手島を経て45分～。復路は手島経由のため、1時間半あまり。

夕映えの海を船が一艘ゆく

◆六島《むしま》（岡山県）――冬こそ魅力全開。スイセンの香りが島を包む

1997年、岡山県最南端の六島《むしま》へ初めて渡った時、唯一の観光スポットというべき県内最古の六島灯台を訪ねた。道の両側に、だらしなく伸びたスイセンの葉が目立つ。しかし、花の季節はみごとかもしれない、そんなことを思いながら灯台まで登った。うららかな春の日で、階段に座り沖ゆく船と彼方に連なる青く霞んだ荘内半島を眺めているだけで、なんとなく心がときめくような日和。のったりした海にゆるみきった心を遊ばせながら日向ぼっこした帰り道、小さな畑の世話をしているオバァさんと立ち話した。「今度は、冬に来てください。スイセンがきれいだから。この辺は昔からスイセンが多いところだったけれど、最近もっと増やそうとみんなで植えているんですよ」

1995年から、有志で植えはじめたのだそうだ。黙々と植え続けるうちに、近隣では六島のスイセンが知られはじめ、見学ツアーまで催されるようになった。人が押し寄せるほど有名になる前に、スイセンの花見としゃれてみたい。ちなみに、六島は横溝正史原作の映画『獄門島』が撮影されたた場所としても知られる。

2009年の2月、隣の真鍋島から日帰り（現在は真鍋島からの日帰りは不可）する機会が巡ってきた。花の季節の祝日なので多少混むかもしれないが、真鍋から出る船に乗れ

ないということはないだろう。それに、スイセンが有名になってきたこの何年か、季節の日祝日には公民館で軽食を提供してくれるとも聞いていた。ふだんは、小さな雑貨店が2軒（現在は1軒）のみ。食堂もない島で、どんな料理が並ぶのか。

前の晩真鍋島の宿で、島人とワイワイ話をしているうちに、いつの間にかみんなで六島へ行くことになっていた。メンバーは、ミツノリ、ミチル、リンコ。

翌朝港へ行くと六島便に乗り継ぐハイカー姿の人たちが、待合所のまわりに20人以上たむろしている。恐らく、スイセンを見に六島へ行く同好の士だろう。出航時間直前になって、船が浮き栈橋に接岸した。待ちかねていた人たちが一斉に乗り込む。

スイセンの群落と前浦の家並

「今日はゆれるので、後の方に座った方がいいですよ」

船員が一人一人に声をかけるが、耳を傾ける人はいない。果たして、港を離れて島陰から脱すると、船は激しく揺れはじめた。

航海時間は、20分足らずだからひどく酔った人はいなかったようだが、六島の前浦に到着して降りてきた人の表情は、一様にホッとしていた。

正面の小学校へ登っていく斜面に、たくさんのスイセンが咲き乱れている。

「やっと六島に来れた。とうとう、きたぞっ」

と、ミチルさん。

「上陸するのは、初めてじゃ」

ミツノリさんも、感慨深げにつぶやく。

六島灯台とスイセン群落

下船した人たちは、ぞろぞろと灯台へ向かって歩きはじめた。前浦唯一の前田商店では、スイセンの花束を売っていて、人だかりができている。帰りに買えばいいのにとのぞいたら、オバちゃんたちが島のヒジキを物色していた。店の前の海岸では、旬のヒジキが早春の陽光を浴びて、濃密な磯の香りを漂わせながら干し上げられつつあった。

建て込んだ家と家の間の路地を灯台へ向かう。家が途切れ、スイセンに覆われた緩やかな斜面が広がった。凛として甘く爽やかな香りが、そよ風に混じる。スイセンの花を掻き分けるように、曲がりくねった遊歩道を登る。

立ち止まっては花の接写を試みる人、咲き競うスイセンを背景に記念撮影する親子、降り注ぐ柔らかな光と清冽な匂いに包まれ、誰もが幸せそうな表情だ。

自ずと足取りも軽くなる。

スイセンに負けじと、梅も白い花を精一杯開いている。その向こうには、黄金色に輝くみかんたちと大きな葉を広げた高菜。どれも春を迎える気合十分で、生命力に満ちていた。時々混じる寒風さえ、心地よい。10分も散策すると、空色を背景に高々と聳える白亜の灯台が見えてきた。レモン色のマンサクの花も、光の中で笑っている。

灯台前の陽だまりにしゃがみ、銀の海を往来する船と遠くにかすむ島影や四国本土を眺めているうちに、初めて来島した時のことを思い出していた。

やはり、こうやって沖行く船を眺め続けたっけ。いつか、周囲の人影は少なくなっていった。みんな集落へ戻ったらしい。

ぼくらは、島を一周する遊歩道を行くことにした。枯葉で埋まっているが、さざめく光はもう春を告げている。時々現れる石垣は、島中が段々畑だった時代の名残か。石仏や古井戸もある。30分ほどで、標高185メートルの最高峰大石山への分岐点に出た。さらに、急坂を30分近く登っただろうか。ついに山頂にたどりついた。小学校低学年のリンコちゃんも元気いっぱいだ。伸びた木々が一部視界を遮っているので、展望台からの眺めはまあまあといったところ。

下る途中眺望が開けたベンチで食べたおにぎりが、うまい。灯台周辺が有名だけれど、大石山から前浦へ続く遊歩道も、スイセンで隠れるほどだった。

海岸へ戻ってから、この季節だけ簡易食堂となっている公民館へ。うどんやかやくご飯、煮物などの定食をいただく。軽い昼食をとったばかりだったが、温かい食事はまた格別で、全員きれいに平らげてしまった。

しばらく寛いでから、もう一つの集落湛江《たたえ》へ。こちらは漁村なので、漁船が目立つ。丘の上の大きな建物は、天理教の教会だ。人口100にも満たない島では、驚くほどの規模だ。湛江の路地も狭くて迷路のよう。半ば迷い歩いているうちに、真鍋島へ戻る時間になっていた。

　その後、２０１１年10月の航路統合に伴う大幅なダイヤの見直しがあって、やっと六島から最寄りの都市である笠岡へ直行便が毎日運航するようになった。六島の人たちが何十年にもわたって熱望してきた悲願が、ついに叶ったのだ。それまでは、笠岡と往来するためには基本的に真鍋島で乗り換えなければならなかったので、教師が島へ通勤することもできなければ、子どもたちが本土の中学校に通学することもできなかった。

　昭和50年代に笠岡諸島で中学校統合の話が出た時、島の中学校を本土と統合するという前提で、各島の意見を集約したことがあった。ところが、賛成したのは六島だけ。

　定期船で笠岡に通えないので、六島の子どもたちは寮に入って笠岡東中学校に通わざるえなかった。島と本土の二重生活を嫌ったり、子どもを塾に通わせるため、島を出て行った家族も多いという。

　２００２年一度休校になった小学校は、子連れの出身者2家族が帰島したため4年後に復活し、中学生たちも本土の学校まで通うようになった。六島のスイセンは、真冬の風物詩として周辺では広く知られるようになり、小学生たちは洒落たスイセンの折り紙（プレゼント用）とドライフラワー（販売用）を作り、来島者たちを喜ばせている。

前浦では、旬のヒジキをゆでて干していた

子どもたちが作るスイセンの折り紙とドライフラワー

前浦の路地

大石山への遊歩道

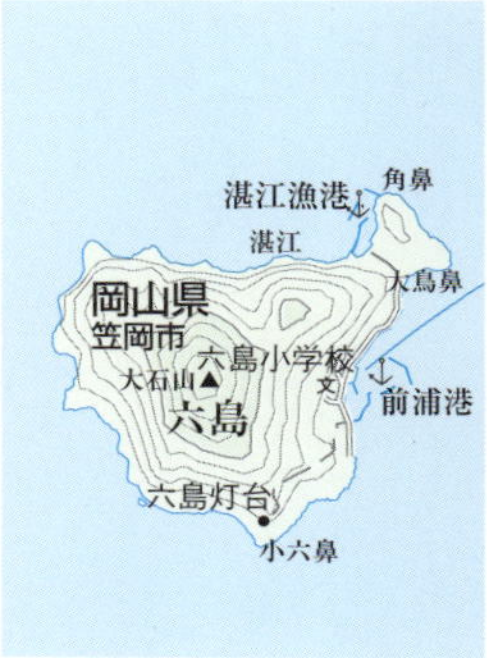

六島

（むしま：岡山県笠岡市）

面積：1.02㎢　**周囲：**4.6㎞

人口：76人（2016年4月）

笠岡諸島の一番南に位置する。1923年に設置された六島灯台も見所。スイセンの自生地として有名。

アクセス：笠岡港から飛島、小飛島を経て、六島（湛江港および前浦港）まで約1時間（三洋汽船）。うち1便は真鍋島まで行くが、真鍋島から六島に行って日帰りの便はない。

（7）伝統的な景観で見逃せない島

◆大崎下島《おおさきしもじま》（広島県）――甦った江戸から昭和初期の古い町並み・御手洗《みたらい》

御手洗は、江戸時代から明治前半にかけて全国的な物流の主要ルートであった北前船西廻り航路の寄港地として、また参勤交代の大名たちの潮待ち港、風待ち港としても、大いに繁栄した。往時は藩公認の遊郭だけでも４軒あり、現在も建物が残っている若胡子屋《わかえびすや》には、最盛期１００人以上の遊女がいたという。

しかし、潮待ち風待ちが不要な汽船が主流になると、御手洗は瀬戸内海の主要航路からはずれてしまう。人影が消えた町には、江戸時代から昭和初期にかけての多くの建物や町並みが残された。そこに新しい光が射したのは、１９９４年だった。国の重要伝統的建造物群保存地区（以下、重伝建）に選定されたのだ。

時の流れとともに変わりゆく風景が興味深い。

変化が、好ましいと思える時もあれば、残念と感じることもある。

大崎下島の御手洗を初めて訪れたのは、20世紀最後の年だった。重伝建に選定されてからすでに数年たっていたが、目に見える保存活動が行われているようには感じられなかっ

御手洗の街並み

史跡若胡子屋跡

た。あるいは、初めて訪れた旅人には分からなかっただけかもしれないが。

切妻本瓦葺の町家が続く町並みには、ポツンポツンと洋風の建物も混じり景観に変化を与えていた。古い町並みは300メートル四方に集中しているので、ぶらぶらと散策するにはちょうどよい規模。

営業している店は何軒かあったが、人影は少なく旅人は見かけなかった。

長州と芸州が倒幕のための御手洗条約を結んだ金子邸、七卿落ちの際に三条実美らが滞在した七卿館、石垣が見事な満舟寺、菅原道真が大宰府配流の途中立ち寄った場所に建てられた天満宮、そして若胡子屋跡などの見どころが点在し、改めて歴史を感じた。

海岸線には船が接岸するための階段状になった雁木《がんぎ》が残り、海に突き出した千砂子波止《ちさごはと》は1829年に完成した時、中国無双（石積みでは日本一ともいわれる）の規模で、先端には高燈籠もある。

静かに眠るような街からほのかに漂ってくる歴史の匂いが心地よく、自分だけの素敵な史跡を見つけたような錯覚に陥ってしまったほど。そっと囁きかけると、どの建物も秘められて物語を坦々と語ってくれそうな面差しをしていた。

その後、10回近く訪ねたが、その度に少しずつ変わっていった。劇場や映画館として利用された後は放置されていた乙女座は、昭和初期のモダン劇場として復活。中も見学でき

復活した昭和レトロの乙女座

江戸みなとまち展示館

るようになった。レトロな香りいっぱいの劇場内をさまようと、戦前の世界に迷い込んだよう。その裏には、御手洗の歴史を紹介した江戸みなとまち展示館もできた。

改築改修が徐々に進んでいるのだろう、全体的に色あせていた家並みも彩りがはっきりしてきて、生気を取り戻したよう。

また、家々の壁に飾られている花が増え、それも町並みを明るく見せてくれる。きれいになった街を歩くのは心地よいが、ふと昔のうらぶれた雰囲気を懐かしく思い出すのは、よそ者の我儘だろうか。

そして、主要部の電線が地下に埋設され、趣きある家々の頭上を覆う引っ掻き傷が消えて、スッキリとした。生活する人にとっても、旅人にとってもありがたい変化だ。

２００８年11月に上蒲刈島と豊島を結ぶアビ大橋

（豊島大橋）の開通によって、安芸灘とびしま海道の島々が一続きとなり、すべて本土と繋がった。

御手洗を訪れる観光客は一気に増加し、旅館も新たに開業した。著名な現役の船大工宮本国也さんも、海岸沿いにある船宿でミニチュアの和船作りをしながら、観光客と気さくに会話してくれるようになった。

さらに驚いたのは、最初訪れた時に看板の赤い懐中時計に目を引かれ、100年以上前にアメリカから輸入したという高さ2メートルほどもある大きな柱時計を見せてもらい、すっかり話し込んでしまった松浦敬一さんが、2015年6月に放送されたNHKの『プロフェッショナル・仕事の流儀』に主人公の時計職人として登場したこと。

誰にも修理できない時計が、全国はおろか海外からも送られてきて、なんとか生き返らせているという話はご本人から聞いていた。さすが、御手洗。小さな街なのに、こんなすごい職人が腕をふるっているのも、積み重なった歴史

新光時計店の看板

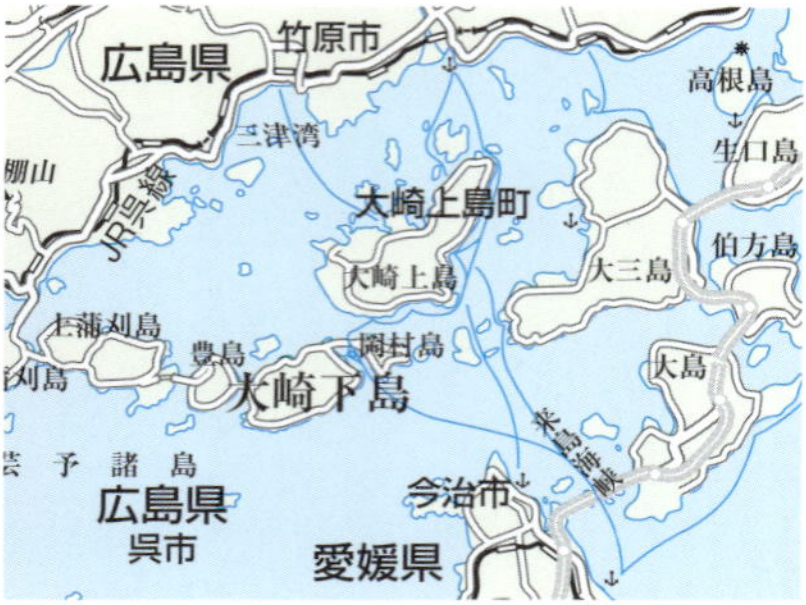

大崎下島

があればこそと感動したが、全国に向けて大々的に紹介されるとは、ＮＨＫもしっかりリサーチしているらしい。

かなり整備が進んできれいになってしまった御手洗に、一抹の寂しさを感じないわけではないが、やはり気持ちよく歩くことができるのは嬉しい。

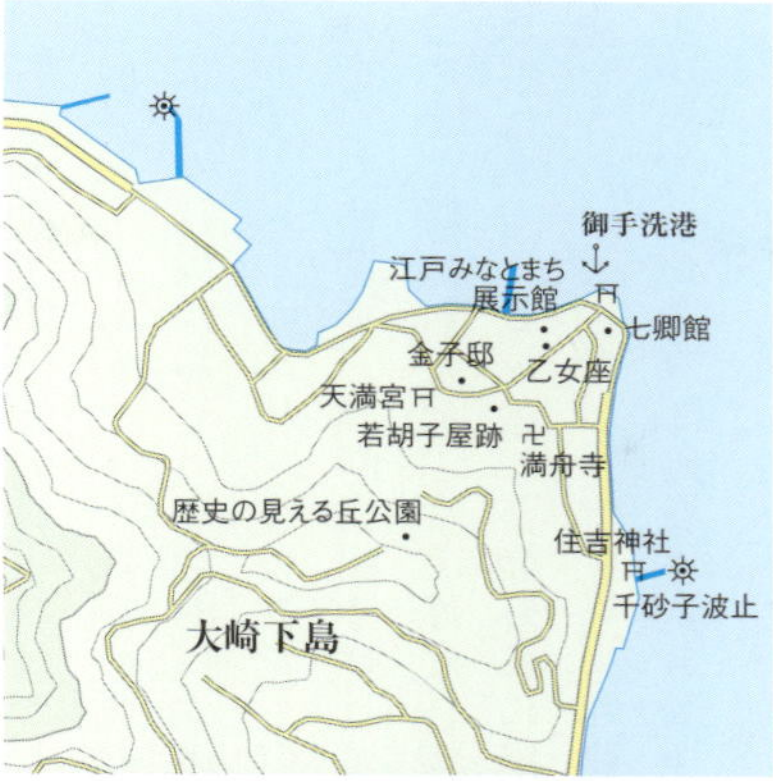

新しくできた
船宿旅館脇坂屋

和船の船大工宮本国也さん

ちなみに、重伝建の御手洗ばかり注目されているが、すぐ北側の大長《おおちょう》の家並も特徴がある。全国的に生産量が少なかった時代、ミカンで大儲けをした集落で、当時大崎下島は黄金の島と呼ばれたほど。立派な住宅以外にも、ミカン蔵（季節外れに出荷するため貯蔵しておく専用の建物）や何棟かある洋館風木造3階建ても魅力的だ。

2014年6月には、大長を代表する8種類の柑橘の歴史や逸話、道具、木のミカン箱、農船などを展示したみかんメッセージ館がオープンした。御手洗のついでに、大長にも立ち寄ることをお勧めします。

大長で見かけた洋風木造3階建

大崎下島（おおさきしもじま：広島県呉市）

面積：17.37㎢　**人口**：2,235人（2016年3月）

芸予諸島の1つ。大長地区、御手洗地区など島の中央～東部側約2/3が広島県呉市豊町、島の約1/3にあたる西部側、立花地区・大浜地区が豊浜町に属する。重要伝統的建造物群保存地区がある御手洗（みたらい）は、昔から潮待ち・風待ちの港として江戸時代から賑わった。柑橘類栽培が盛んで「大長みかん」は有名。

アクセス：バス：御手洗まで中国労災病院バス停（JR新広駅・呉市広市民センター付近）から「とびしまライナー（豊・豊浜・蒲刈方面行：瀬戸内産交）」乗車、豊地区（御手洗港バス停）約1時間31分。広島バスセンターから「とびしまライナー（蒲刈・豊浜・豊方面行：さんようバス）」乗車、豊地区（御手洗港バス停）約2時間20分。

船：竹原港から大崎下島・大長港（1便のみ御手洗港）行きの高速船（しまなみ海運：7便／日）。大崎上島明石港から小長港にフェリー 12便／日（しまなみ海運）。また、久比 - 立花（大崎下島）- 豊島（豊島）- 大浜（大崎下島）- 斎島を結ぶ航路もある（斎島汽船）。愛媛県今治市からはすでに直通の航路がない。隣の島である岡村島の岡村港と今治港との間に、フェリーと旅客船（今治市営フェリー（せきぜん渡船））が就航しているので、岡村港に上陸し、橋を通って大崎下島に向かうルートもある。

◈大崎上島《おおさきかみしま》（広島県）――隠微な空間に往時の繁栄を偲ぶ・木江《きのえ》

大崎上島木江の天満《てんま》地区を初めて歩いたのは、十数年前のことだった。大長《おおちょう》から竹原へ戻る途中に、天満へふらりと途中下船し、狭い路地に分け入って驚いた。両側に2階、3階の木造家屋が林立し、独特の異界の雰囲気を漂わせている。何十年も前で、時が止まった光景に戸惑いながらも、不思議な感覚を楽しんだ。いずれゆっくり歩いてみたい。

帰宅後調べたところ、やはり元の遊郭だという。大きな港町には、大なり小なりあった悪所だ。天満の遊郭は、瀬戸内海全体でも有数の規模だったという。

その後、島好きの飲み会で初めて会った木江出身のNさんに、木造3階建群の建築的文化的な重要性をついつい熱く語ってしまった時、Nさんがボソッと言った。

「今日、お祓いをしたんですよ」

木江で旅館をしていたNさんの実家が崩れそうなので取り壊すことになり、お祓いには妹さんが立ち会ったらしい。解体前に内部を探索したかったというと、

「たいした建物でもないですよ。でも、もし見てみたいなら、止めましょうか」

待ってもらえるならばと、2010年6月の週末に急遽大崎上島へ出向いた。竹原からフェリーで垂水に到着すると、地元で解体を担当しているMさんが迎えてくれ、木江へ向

かった。

「ここにも遊郭があったんですよ。旧道へ入ってみましょう」

鮴崎《めばるさき》を通過する時、Mさんはそう言いながらスピードを落としてくれた。

2階に手摺りがある、それらしき建物が散見される。良港で知られた鮴だから、当然遊郭もあっただろう。

やがて商家が立ち並ぶ旧道に入り、クルマがとまった。予想していた天満地区ではなく木江の宇浜地区だという。木造3階建てが何軒かあり、元遊郭らしい気配がにじんでいる。

早速、解体作業を一時中断しているNさんの実家を訪ねた。昭和初期の建築で、それなりに時を経たたたずまいだが、期待したような重厚さはない。それより気になったのは、向いの塩月旅館の繊細な造作。明かりとりの窓に嵌め込まれた細かな格子が、奥床しく微笑んでいるよう。興味深げに見ていたら、Mさんの計らいで見学させてもらえることになった。

3年前に取り壊されてしまった海辺の徳森旅館

廃業して10年近くなるそうだが、玄関には金の衝立を背に凛とした活け花が飾ってあり、全体を気品ある空間に仕立てていた。女将は、お母さんが早くに亡くなり一人っ子だったため、祖父祖母の愛情を一身に受けて育ったという。

「お稽古ごとに行く時は、必ず着物を着せられて。それが嫌でした」

さすがに本物のお嬢さまで、笑顔にも品が漂う。厚かましくもお願いして見せてもらった2階の部屋も、細部に手間が掛けてあり、床の間の天井は網代になっていた。

その後、天満地区も改めて探索した。最初の100メートルほどは、美容室や菓子店、スナックなどが点在する明るい空間が続くが、病院を過ぎたあたりから歓楽街の色彩が濃くなり、木造3階建てが次々と現れる。営業中の雑貨屋では、店先に旬の

木江宇浜地区に残る元旅館の建物

塩月旅館の２階。格子が美しい

塩月旅館の床の間の天井は網代になっていた

道具の収納箱。塩月旅館

玄関の活花

野菜や花も置いてあり、かつてはスーパーのような役割を果たしていたと思われる。

「昔は、一晩中賑やかだったのに……」

店のオバちゃんが、呟いた。心配になったのは、これまで感じていた以上に建物の老朽化が進んでいること。町並みの成立ちが遊郭なので、この景観を評価する人は、地元にはほとんどいないらしい。利用しようにも消防法がネックになる。当時残っていた、港に面した重厚な木造3階の徳森旅館は、利用されることもなく2013年に取り壊されてしまった。


木江の中心部で崖を背にして聳える木造5階建ては、いつ見ても心が踊る。特別に美しいとか重厚だとかいうわけではないが、存在感を際立たせるオーラを発しているのだ。前を通ると、

天満地区の家並み

時代を感じさせる看板

天満地区に残る3階建て

3階建ての1階は
カフェだった

玄関に奥さんらしき人の姿が見えたので、以前から感じていた疑問をぶつけてみた。

「突然すみませんが、こちらは元々なんのために建てられたのですか」

昭和33年に嫁いできたので、それ以前のことはあまり分からないと前置きして、

「造船所の迎賓館として建てられたそうです。よそから来たお客さんを、ここで接待したんでしょうね。1階は事務所で、2階は広い部屋が幾つかあって、4階はワンフロア全部がホールになっています。だから、住宅としてはとても使いにくいんですよ」

パーティーが催された4階まで料理を引き上げる手動式のリフトもあったという。

面白かったのは、5階建てになった理由だ。

「最初は、4階建ての予定だったそうです。しかし、ほぼ完成した頃に大きな台風がやってきて、壊れてしまった。その瞬間を対岸からみていたオバァさんがいたんですよ。強い風が吹きつけた時、全体がくるりと捻じれ、一瞬にして壊れてしまったそうです。再建する時、同じ材木にホゾをつけなおして使ったので、全体に寸詰まりなんです」

見ていてどこか不思議な感覚にとらわれるのは、そのあたりにも原因があるのか。

「掛け軸は床の間についてしまうので、風鎮がいらないんですよ」

奥さんは、笑いながら言った。

「その後、4階の四は死に通じて縁起が悪いと、5階建てにしたそうです」

5階部分だけとってつけたように見えるのは、そんな理由があったのか。

地元の風説によれば、5階には梯子が掛かっていて、それを上げ賭場として使われたこともあるのだとか。

「木造5階建ての住宅は、とても珍しいんじゃありませんか」

「そうらしいですね。研究者の方とか学生とか、時々見学の人が来ます。ふつうはお断りしているんですが、役場を通して頼まれると……」

駄目元で頼んでみようかと思っていたのだが、機先を制されてしまった。

それでも、充実した数分間の立ち話のおかげで、異界へ足を半分踏み入れたような気分になっていた。

木江にある木造5階建ての民家（右）

木江にある珍しい木造5階建ての民家

朝の木江港

大崎上島（おおさきかみじま　広島県豊田郡大崎上島町）

面積：38.34㎢　**周囲**：60.9㎞　**人口**：7,877人（2016年6月）

芸予諸島の1つで竹原市の南約10kmに位置する。柑橘類栽培と造船業が盛ん。大崎町、東野町、木江町が2003年が合併し、大崎上島町が誕生。豊田郡に残る最後の町になった。2013年公開の「東京家族」のロケ地でもある。島最高峰の神峰山（かんのみねやま：453m）からは瀬戸内随一ともいうべき多島美が楽しめる（P110）。木江には木造3階建ての建物がいまだに残るが、取り壊しが進む。大西港の北約700mには長島大橋で陸続きとなった長島があり、中国電力の火力発電所がある。

アクセス：竹原港から大崎下島・大長港（しまなみ海運：7便／日、1便のみ御手洗港に寄港）行きの高速船が鮴、木江（一貫目、天満）、沖浦、明石港に寄港。竹原港から垂水港へフェリー16～17便／日、白水港へフェリー15～16便／日（いずれも山陽商船、大崎汽船共同運航）。安芸津港から大西港にフェリー16便（安芸津フェリー）。愛媛県今治港から大三島宗方港経由木江港にフェリー2便／日（大三島ブルーライン）。この他に宗方港から木江港に旅客船4便／日。大崎下島小長港から明石港にフェリー12便／日（しまなみ海運）。

◆高見島《たかみじま》（香川県）——幻の重要伝統的建造物群保存地区・浦

ここも重要伝統的建造物群保存地区（以下、重伝建）に選ばれないと、おかしいだろっ！

1998年、初めて高見島に渡り標高数十メートル前後の急斜面に立派な家々が立ち並ぶ浦地区を歩いた時、大発見をしたような興奮と憤りに近い驚きを感じた。地味な小島に、手をかけ思いを込めて造られた建物が、これほど集中して残されているとは。

一足先に重伝建に選定されていた塩飽諸島本島の笠島地区（1985年選定、P159）や、大崎下島御手洗（1994年選定、P212）に比べても、何ら遜色のない集落景観が広がっていた。重伝建の指定がなくてもちゃんと探し出す人がいて、『男はつらいよ——寅次郎の縁談』や『瀬戸内少年野球団』『機関車先生』など映画のロケ地にもなったという。

2012年、香川民俗学会の会長で郷土史家の西山市朗さんと島へご一緒して、なぜ高見島の浦集落が重伝建地区に選ばれていないのかという長年の謎が解けた。

高見島出身で本土に住む今も、島の活性化に取り組んでいる西山さんは、ぼくの質問に呟くように答えた。

「高見島は、重要伝統的建造物群保存地区の指定を断ったんですよ」

選定のための調査は笠島地区よりも先に行われ、重伝建地区にふさわしいという評価

斜面の上の方が今は無人の高見島の浦集落

浦集落の小径

だったが、集落景観を維持できないと断ったのだという。選定にあたって「市町村の保存・活用の取組みに対し、文化庁や都道府県教育委員会は指導・助言を行い……」とあるが、高齢化と過疎に見舞われた集落には、もはや「保存・活用に取組む」体力は残っていなかった。

西山さんと歩いた時、すでに浦集落には誰一人住んでいなかった。

クルマのない時代に築かれた浜から浦へ通じる小径は幅の狭い急坂で、老人が生活物資を自力で運び上げるには無理がある。島を去った人もいれば、海岸に移り住んだ人も多いという。

西山さんの案内で歩いた浦集落の建物は、物語に満ちていた。細い坂を登って行くと、まず見上げるばかりの高く美しく積まれた石垣があらわれた。移住先のアメリカで農場経営に成功し、故郷に錦を飾った中塚氏の屋敷で、映画『機関車先生』では網元の家として使われたという。驚いたことに素晴らしい石垣は、島人たちの手によるものだという。なんという腕だ。

浦集落

拝みに懸魚がある珍しい民家は中谷邸

中塚邸の鬼瓦はなんと胸も露わな天女

中塚邸の瓦の鯉は泳いでいるよう

中塚邸の石垣

浦集落の小径

中塚邸の練塀や屋根に配された瓦細工にも、目を奪われた。塀の上には瓦と同じ土で焼き上げた十二支の動物たちが並び、屋根には胸をあらわにして舞う天女の鬼瓦もある。『瀬戸内少年野球団』で夏目雅子が立っていたという四ツ角の先には、船板をうまく壁に誂えた瀟洒な家があった。西山さんが見上げながら、教えてくれた。

「民家の拝みに懸魚《げぎょ》があるのは珍しいでしょう」

太平洋で難破して一カ月漂流し米国船に助けられて、サンフランシスコまで行った第三大信丸船長中谷氏の屋敷だった。何回も眺めていた建物が、全く違う表情を見せてくれる。

「この四ツ角が制立場（法令を掲げた場所）で、寅さんと松坂慶子が出会ったところです」

そこを登ったところが、浦地区の中心である大聖寺だった。

「石段が作られたのは寛政時代で、常夜燈は文化2（1805）年です。太子堂は、塩飽大工の渡部三十郎が寛延3（1750）年に備中から移築したもので、大変に出来がいい」

墓地には、幕府オランダ留学生だった山下岩吉の墓があった。さらに坂を登ると、山下岩吉が晩年を過ごした家や五島列島へ捕鯨に行っていた家の跡もあった。瀬戸内海では大きな島ばかりではなく、小島にこそ多様な歴史が時代を越えて十重二十重と積み重なっていることが多い。江戸前期が一番栄えていたという高見島も、例外ではなかった。

集落北東端の頭之上まで来て、北の方を見ながら西山さんが意外なことを教えてくれた。

高見島浦地区の小径

築造者の名前が刻まれた石垣

大聖寺の常夜灯には文化二年の文字が

大聖寺の鐘と力士像

高見島の埋め墓

「元々古い浦集落は、この先の古宮の高台にありました。江戸前期に大火があり、当時の人名《にんみょう》が中心になって計画的に石垣を築き家を建てたのが、現在の浦のはじまりです。当時の離島で計画的な宅地造成が行われた例は、他にありません」

無住になってしまった浦地区は、４００年前に実行された都市計画の遺跡だったのだ。

そこが、この秋また瀬戸内国際芸術祭の会場になるという。浦地区はアーティスティックな空間なので、今度こそここが気に入って移住してくるアーティストがいるといいのだが。

2013年の瀬戸芸の時の高見島港

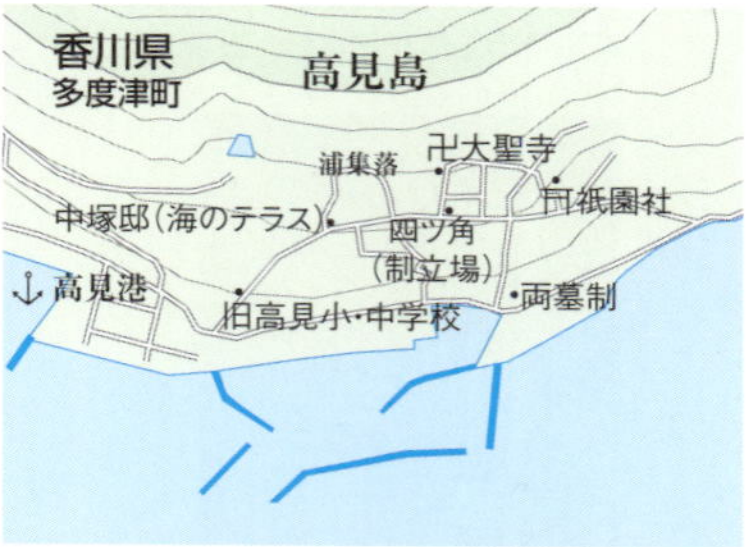

※瀬戸内国際芸術祭（2013）では中塚邸は「海のテラス」という名のレストランアート会場になりました

高見島

（たかみじま　香川県仲多度郡多度津町）

面積：2.35㎢

周囲：6.5㎞

人口：41人（2016年）

多度津港約7km沖に位置し、急斜面に伝統的な日本家屋の家並みが連なり、数々の日本映画のロケ地になった。瀬戸内国際芸術祭の会場でもある。

集落は浜地区、浦地区の2つ。両墓制の島としても知られる。最高峰は龍王山（297m）。島出身の人として、万延元（1860）年米国に渡った咸臨丸の水主小頭として太平洋を横断した玉谷好平がいる。

アクセス：多度津港からフェリーで4便／日（三洋汽船）。

（8）島暮らしするように泊まりたい

◆牛島（香川県）――アイランドガールで暮らすように滞在

『美味放浪記』という旅や料理が好きな人にとってはたまらない名著がある。女優檀ふみとエッセイスト檀太郎の父である作家檀一雄の作品で、日本中はもとより世界中でうまいものを食べ歩くだけでなく、ご当地の食材を使いこなして料理し、それを堪能することもしばしばという内容。

一読以来、旅先で地元食材を自ら料理して楽しむ、というのが憧れになった。

かつて利用したユースホステルなどは、自炊が可能なところも多かったが、調理具や調味料、食材などがままならない。何回か自炊しても、楽しむまではいかなかった。パンと卵を買ってきて、目玉焼きとトーストのカップスープくらい。そんなものだった。

小浦の池の新緑

低い峠を越えると小浦集落がある

トカラ列島のコミューンで料理を担当したこともあるが、食材はウツボにチョウチョウウオと丸麦など。あまり馴染のないものばかりで、調理するのに悪戦苦闘した記憶が先立つ。

20年近く前になるが、塩飽の本島まで行ったついでに『孤島生活ノート』（柴田勝弘著 論創社 1988年）を読んで気になっていた牛島を、ちょっとだけ覗いてみた。かつて、ボンハウスという素泊まり宿があったが、ボンちゃん（柴田さんの愛称）が島から去った後、閉鎖されたと聞いていた。

牛島は小さな島で、当時の人口は20人（現在は10人）ほど。それでも、定期船の着く北側の里浦と南側で四国に面した小浦の二つの集落があった。里浦には、江戸時代瀬戸内随一の豪商と謳われた丸尾五左衛門の屋敷跡や、撞くとたちまちにして栄耀栄華を極めるが、必ずや後に無間地獄に陥るという恐ろしい言い伝えの残る「無間の鐘」が現存する極楽寺がある。

里浦から10メートル足らずの低い峠を越えて10分ほど歩くと、水田の広がる小浦にたどりついた。湿原を伴った池が眠り、面

古民家の長屋門

牛島の田んぼと溜池

積がわずか0・7平方キロとは思えない、大らかな風景が広がった。

なにもないと言えばなにもないのだが、なぜか居心地がいい。立ち話をした横山敬子さんと夫のカート・ヴァンボルケンバーグさんとの会話も楽しかった。

ボンハウスはアイランドガールと名前を替えて、敬子さんが運営するゲストハウスになっていた。堂々たる長屋門を備えた築百数十年という古民家は、元々敬子さんのお母さんの家で、ボンちゃんなき後、敬子さんが引き継いだのだ。まるで田舎のジィちゃんバァちゃんの家に帰って来たような懐かしいたたずまい。この空気感に引き込まれる若い人も多いという。

入口の土間は三和土《たたき》で、間取りは4畳半から8畳ほどの部屋が4つ、土間続きの台所には昔の竈や井戸まで残っていた。いい感じじゃないか。もちろん、ガスレンジ、冷蔵庫、鍋釜から食器、調理道具一式など、ふつうの家にあるものはみんなそろっている。客の置き土産の調味料や油なども残されていた。

古民家の庭と建物

古民家の客室と土間

用意されていた立派なサワラとタイ

サワラのタタキ

牛島の磯で採ったカメノテやカサガイ

今日の食材はアコウ

海辺で捌く。サワラから大きな白子が

ニンニクの芽と蚕豆、アーティチョークを分けてもらった

マンバのケンチャン

プロパンガスで沸かす風呂と、用を足した後ピートモス（炭化しつつある水苔）を投じ、肥料化してしまう環境に優しいコンポスト・トイレもあった。

原則として、1日1組。1人から最大10人以上泊まったこともあるという。

そして、耳寄りなことを聞いた。弟の横山仁さんが漁師をしているので、前もって頼んでおくと、獲れたての魚介類を浜値で確保しておいてくれるという。

やっと、憧れていた本格的な檀一雄ゴッコができそうだ。

その翌年、牛島で3日間過ごした。

一通りのものが揃っているので、ゲストは自分のうちで暮らすように過ごせばいい。

まずは、地の食材を使って料理した。浜値で1匹500円するという獲りたてのサバは、目がキラキラ光り、肌は虹色。ふつうは目にする機会もない肝臓や心臓、胃腸、卵などの内臓も色鮮やかで艶やか。見るからに美味しそうなので、全部醤油と酒で煮つけた。身は塩焼き、骨や頭は粗汁にした。さらに釣り客からの差入れと渡された山盛りの小さなメバルを煮つけ、丸亀のスーパーで買ってきた生きたガラエビ（小エビ）はさっと塩ゆでした。

一人客には声を掛けて料理を持ち寄り、一緒に食べることもあるという敬子さん夫妻と、旅や日本文化、世界中のさまざまな見聞を話題に、会話と会食を大いに楽しんだ。

翌日も、丸亀で買っておいたテナガダコや浜で拾ってきたワカメの茎を煮て、磯で採ってきたカメノテとヨメガサガイは塩でゆでにした。檀一雄のようにもっともらしい料理ではないが、自分なりに大満足。また、カート夫妻と一緒に楽しいご飯。

散々料理のことを書き連ねたが、もちろんカップ麺やコンビニ弁当で済ませてもいいし、肉や野菜を持ち込んでBBQをする人もいる。それぞれの過ごし方に、誰も干渉しない。散歩して少し食材を採り、料理をして宿のご夫婦とおしゃべり。とりとめもない時間をのんびり過ごしただけだったが、得も言われぬ満足感があった。

牛島に嵌ってしまったのだ。

その後、幾たび足を運んだことだろう。大体は、なにもせず、のんびり、ぼんやり、時々散歩とおしゃべり、料理。敬子さんやお母さんが作っている野菜を収穫させてもらったり、草刈りや植栽を手伝ったり、たゆたう島時間に身をゆったりとゆだねるだけ。

植えたばかりの稲がそよ風に揺れる頃、たくさん株分かれしてすっくと立つ夏の稲、黄金色に変わって頭を深々と垂れる稲、天日干しされている稲束、そして水が抜かれ土肌を見せている田んぼ、雪に埋もれた田も目にした。

何回渡っても、同じ表情を見せることがない。

漁師の仁さんに分けてもらった魚は、それを狙って獲っているので当たり前だが、タイ、マナガツオ、サワラ、ワタリガニなど、高級魚が多い。値段があるていどするのはいいとして、一人で食べきれないことが多いのが辛い。大きなスズキを下ろしている途中で、背鰭の棘を親指の付け根に刺して抜けなくなり、帰宅後切開手術で取り除いたこともある。

丸亀のスーパーで生きたガラエビ（小エビ）やアナゴ、シャコや豆腐、油揚げなどを、買っていくこともある。

初夏には、敬子さんたちが作っているアーティチョークに舌鼓を打ち、冬場には讃岐伝統野菜のマンバでケンチャン（崩した豆腐などと炒め煮した料理）を作り、抜きたての大根を洗ってそのまま齧る。海藻が萌える春は、ワカメやメカブを拾う。

平均すると年に1回くらい行っていたのだが、2014年以降は1シーズンに1回くらいの頻度になった。

首都圏から、足繁く通えるのには訳がある。2013年12月から、成田・高松間にLCCが就航したのだ。そうでなければ、仕事でもないのに毎シーズンは難しい。

1人1泊4000円で、4人以上になると1人3000円。

草刈りなど島人の仕事を手伝うと、大幅割引になる牛島ツーリズムもやっている。島人気分で体を動かしたい人に、お勧めだ。

家庭の事情で、今年（2016年）はまだ1度も行っていないが、この本を手土産に訪ねなくては。多分、次回が20回目の牛島訪問になるはずだ。

自家菜園の手入れをするオーナーの横山さん

比較的新しい古民家の台所

比較的新しい古民家の玄関周辺

比較的新しい古民家の客室

牛島

（うしじま　香川県丸亀市）

面積：0.84㎢

人口：10人（2016年7月）

丸亀港の北約8kmに位置する有人島。江戸時代の廻船業の豪商、丸尾五左衛門が住んでおり、かつては塩飽諸島でも中心的な島であった。島の北には赤い灯台がある。

アクセス：丸亀港からフェリー、旅客船（本島汽船）

◆讃岐広島（香川県）――ひるねこで島時間に溺れたい

――隣接する農園の野菜や果物は、どうぞ自由に採って食べてください。

讃岐広島（以下広島）北部の集落茂浦に２０１５年の６月オープンしたゲストハウス（以下、ＧＨ）ひるねこは、まさに自分の田舎の家で暮らすように過ごすことができる。農作物だけではない。道具を持参すれば、宿から徒歩数分の防波堤でメバルやアジ、時にはアオリイカなど、まさに旬の魚を釣ることもできる。

春先なら、近くの海岸で、ヒジキやワカメ、メカブ、モズクなども採れれば、磯についている貝などで味噌汁の出汁をとってもいい。

春から初夏にかけては、モウソウチクやハチク、マダケなどのタケノコも採れる。島人たちは生茂る竹の脅威に手を焼いているので、タケノコ採りは大歓迎だ。

夏ならば、歩いて１分の白砂の浜が安心な海水浴場となる。

茂浦で２月に行う百々手神事は古式をよく残している

春先茂浦の海岸でモズクとワカメを採る平井さん

菜園で収穫するだけではなく、島人の農作業を手伝ってもいい。

勝海舟や木村摂津守の書が伝わる寺や日本で2番目に古い船絵馬（いずれも丸亀市の資料館に貸出中）を有する神社もあるし、咸臨丸に乗り込んだ水夫の家や、昔のタバコの乾燥小屋、砦を思わせる松田邸の石垣など、注意してみると興味深いものも多い。ぶらぶらと宿周辺を散策するだけで、多くの小さな発見があるだろう。

広島には、これといった観光的な見どころがあるわけではない。強いて言えば、城と見まごう立派な石垣のある尾上邸、英国士官レキの墓、王頭山山頂近くにある天然の石庭王頭砂漠、心経山からの眺望、大地を深く掘り込んだ採石場（見学は地元の人に要相談）など。

GHひるねこの管理人平井明さんのところに、6年前、現在GHになっている建物を買い取った友人から、管理の依頼がきた。お金を出すから補修してもいいと言われたが、外灯をつけるだけで十数万円かかると分かり、計画は頓挫してしまう。

ひるねこリフォーム開始に際してお祓いをした

リフォームに先立つ大掃除

30年くらい人が住んでいないので、このままでは住めなくなるのではないか。優秀な船大工の流れを汲む塩飽大工が、丹精して造った自宅だ。手を掛けた船底天井の部屋もあれば、当時の島では珍しかった水洗トイレも備えている。

2014年の5月、一人で世界中の猫や絶景を撮影している旅作家の小林希さんが、平井さんの家の猫たちに会いに来た。実は、ぼくが小林さんを平井さんに紹介したので、半分当事者なのだが。そこから、話が動き出す。

主に海外を旅しているので、瀬戸内海は初めてだったが、造作の良い民家が放置されているのに心を痛めた小林さんは、すぐに空き家再生「島プロジェクト」を思い立ち、翌月再び茂浦へ出向いて、島人たちに想いをぶつけた。

広島には集落が7つもあるのに、泊まれる場所が一つもないことに危機感を抱いていた平井さんたちは、すぐ行動に移した。気軽に手頃に泊まれる宿を作りたい。地元の高僧に依頼して神棚や仏壇のお祓いをしてもらい、リフォーム開始の態勢を整え

ひるねこ全景

2015年の3月下旬関係者にお披露目

た。小林さんは、その夏首都圏に住む友人たちとLCCを利用して足繁く広島へ通い、島暮らしを楽しみつつ、ひるねこの掃除に励んだ。もちろん、作業の多くは地元有志が担った。トイレや風呂はまだ使えなかったが、8月下旬に、なんとか泊まれるようになった。

――猫が縁側で気持ちよさそうにお昼寝するように、〈ひるねこ〉に滞在する皆さんがのんびりくつろげますように。

旅人たちの思い出を書く「ひるねこノート」の最初に、小林さんはそう記した。たくさんの猫が遊びにくる宿でもある。

ここに至って、茂浦だけではなく島の建設会社や島人の縁者が、続々と協力を申し出はじめた。なんだか面白そうなことをやっていると、思ってくれたに違いない。

2015年3月、広島の他の集落や周辺の島々の知人、関係者に声をかけてお披露目を行い、6月に許可が下りて無事オープン。リフォームの資金は基本的に自分たちで出し合った。

その実績を認められたのだろう、別の古民家再生には丸亀市

ひるねこの台所兼食堂

ひるねこ(右)の前を秋祭りの神輿が行く

から補助金が出て、この3月島暮らし体験住宅・旅ねこも完成した。早速、HOTサンダル（東京の日本画系美大生が広島、小手島、手島に滞在して創作と地元との交流をするプロジェクト）に参加した若きアーティストたちが泊りにきて、旅ねこの看板や旗を作ったり、ガレージのシャッターに画を描いたりと、彼らなりの島暮らしを楽しんで帰ったという。

また、平井さんたちが体験宿泊した牛島のGHで知り合った、30歳前後のアーティストたちもひるねこを訪れ、その居心地のよさと、なにもなさ加減に魅せられて、すぐに再訪。長期滞在して、古くなった民家のウォールペインティングをする計画も生まれたという。大資本や官公庁などの関わらない、新たな島のアートシーンがほの見えて、ますます楽しみな広島・茂浦・ひるねこになってきた。

宿泊の申し込みは、平井明さん（0877・29・2734）へ。1泊1人3000円。予め申し込んでおけば、地魚なども有料で用意してもらえる。

ひるねこの看板を描く小林希さん

ひるねこスタッフ。左から平井光子さん、木下保さん、平井明さん、山本典昭さん

旅ねこの看板

若きアーティストがシャッターに描いた壁画

旅ねこのお披露目には丸亀市長（左）も列席。右は平井さん

旅ねこの旗

体験型宿泊施設旅ねこ

讃岐広島（広島）

（さぬきひろしま：香川県丸亀市）

面積：11.6㎢　**周囲：**18.6㎞

人口：214人（2016年6月）

塩飽諸島の中で一番大きい島。良質の花崗岩（青木石）の産地で石材業が主要産業。昔から塩飽水軍の本拠地のひとつで、江戸時代の廻船業問屋の跡もある。広島をはじめ塩飽諸島の人々は昔から高い航海技術を有しており、万延元（1860）年米国に渡った水夫のうち11人がこの広島出身。

アクセス：丸亀港から江ノ浦港、青木港へフェリー、旅客船（備讃フェリー）

◈周防大島（山口県）――島人宅に居候して見えたこと

「島暮らしするように泊まりたい」で紹介している他の2島は、ゲストハウスを拠点に地元との交流を楽しむものだったが、周防大島（正式名、屋代島）は神戸から島へ移住した友人柳原一徳宅に居候して、暮らすように過ごすというもの。島旅として一般的とは言えないかもしれないが、地元の人と親しくすることによって垣間見えた、周防大島と島暮らしを紹介しよう。

淡路島、小豆島に次いで、瀬戸内海で3番目に大きいのが周防大島（以下、大島）だ。かつては、対岸の大畠駅から大島の小松港へ国鉄連絡船が通っていたが、１９７６年大島大橋ができて廃止された。また、２００４年に島内４町が合併して、周防大島町が誕生。離島振興法の実質的な生みの親であり、民俗学者の宮本常一の生まれ島として知られている。

友人が移住する前も、数回大島を歩いたことがあった。例えば、五条の桜を海上から眺めるという風流をしたり、大島安下庄生まれの南津海という柑橘の話を聞きに行ったこともあれば、大島の属島情島や前島などに渡るために立ち寄ったこともあった。ただ広過ぎるので小島好き（大きな島も嫌いではない）のぼくには、うまく焦点を絞れないでいた。

生まれも育ちも神戸という友人が、大島の安下庄にある祖父母の家をリフォームして大島の住人となって間もない2012年の春、松山の三津浜港からフェリーで大島の伊保田に渡った。迎えてくれた友人は、クルマに乗ると黙って発車してから言った。

「最初に、交流センターに寄りますわ〜」

一度寄ってみたかったので、渡りに船だ。施設名は周防大島文化交流センターだが、実質的には大島出身の大いなる旅人にして民俗学者である宮本常一の資料館といっていい。

友人と懇意な学芸員の高木泰伸さんが、『周防大島東部の生産用具』というタイトルでフロア展示された国の重要有形民俗文化財の民具を案内してくれた。地元の日常生活で使われていたふつうの漁具なども、一つ一つ見ていくと興味が尽きない。他にも、宮本が撮った10万点に及ぶ写真の中から厳選して壁面展示された『宮本の目』など、宮本に関わる資料が多様な切り口で紹介されていた。それだけでも十分に興味深いのだが、専

周防大島文化交流センター

安下庄の集落

門家の解説が加わると、単なる展示品に命が宿る。自分たちが生きた道具として活躍していた当時の、誇らしげな表情を見せてくれた。それも、友人が高木さんを紹介してくれたおかげ。

話はちょっと高尚な民俗学から、下世話な豆腐に飛ぶ。

手作りされた豆腐の流通範囲はとても狭い。うちの島の豆腐こそ一番うまい、という自慢話は、北から南まで枚挙にいとまがない。しかし、多くの場合豆腐屋は1、2軒だ。ところが、大島にはもっと濃密な豆腐地図が描かれていた。

友人宅で、晩酌のアテにいかにもうまそうな冷奴がでた。豆の香りが高く濃密な味だがしつこくはなく、ほのかな甘みが食をそそる。メバルの煮つけの付け合せも豆腐で、タイの粗の潮汁にもたっぷりの豆腐が入っていた。状況で微妙に変化する豆腐の味わいがまた楽しい。

豆腐らしい豆腐は、同じ集落内に毎日作っているオヤジがいるという。知っている人しか買いに来ないので、大半が集落の

メバルと豆腐の煮つけ

安下庄のうまい豆腐

お馴染みさん。店構えはあるが看板も出しておらず、知らない人は豆腐を売っていると気づきもしない。

「今日はしっかり確保できたけど、早い時は8時に行っても売り切れていることがある」

豆腐屋の朝も島の年寄りたちの目覚めも早いが、8時前に売り切れは早過ぎだ。

それだけ人気の豆腐なら、全島から買いに来てもよさそう。なのに、同様な豆腐屋が他に4軒もある。みんな、地元の豆腐屋で育ち、その味に慣れているので、贔屓が決まっているためうまく住み分けているという。それも、大島全体で5軒ではなく、旧橋町の中だけで5軒というのだから、恐るべし島豆腐。その後、残念ながら安下庄の豆腐屋は廃業してしまったが。

友人とゆっくり酌み交わす清酒五橋は、すぐ近くにある築100年以上と思われる酒屋で購入する。大島の中央部にあって南に開けた安下庄は島全体の主邑だったが、国道437号が島の背中に当たる北岸線を貫いて作られたため、主要道から取り残された形となった。だから、功利的なコンビニが進出する余地が生まれなかった。

小売店の衰亡は、都会でも田舎でも目を覆うものがある。大きな要因の一つは、クルマの存在を前提にした社会だろう。クルマが通るところに金が落ち、通らないと取り残される。また、安易にクルマを転がして遠くの街まで買い物に行ってしまう。

だが、安下庄にはそのおかげで生き残っている店があるという。酒を飲むのが仕事のような友人は、辛うじて露命をつないでいる地元の酒屋2軒を応援すべく、1軒では日本酒を、もう1軒ではビールなどと買い分けていた。うち1軒は、かつて蔵元だったとか。夕方に覗いたら、近所の常連さんが集まってきて、店内で軽く一杯やりながら雑談に興じていた。旅人が寄ることは皆無と思われる味わい深い酒屋に、こんなひそやかな楽しみが潜んでいるとは。

安下庄の長尾八幡宮も発見の一つだった。交流センターの高木さんから聞いた、お宮の各所に長州大工の技が光っているという話を思い出し、夕間暮れ友人宅に近いこんもりとした鎮守の森を訪ねた。裏参道から潜り込んだのでしばらく森が続き、やがてぽっかりと明るい社殿の裏にまろびでる。社殿の各所に施された、泳ぐ鯉や竹薮に潜む虎、眼光鋭い龍、動きだしそうな獅子、ダイナミックな鳳凰など、長州大工の光る技をここにもあそこにも遍在していて見惚れてしまう。長尾八幡宮と彫ら

長尾八幡宮の神額

かつて蔵元だった酒屋

れた神額の縁では、精妙な龍が絡み合っていた。凝視するうちに、陽はとっぷりと暮れて藍色の闇がすべてを包み込もうとしていた。

最後に付け加えておくと、柳原氏は恐らく日本で唯一の柑橘農家兼業出版社の一人社長であり、歴史ある集落の若き自治会長でもある。彼の経営するみずのわ出版は、優れた出版活動を評価され、「第30回梓会出版文化賞　第30回記念特別賞」を受賞している。出版梓会は、敗戦後志高い中小の出版社が集まって、出版界と読書文化の復興を目標に、国民文化の向上と社会の進展に寄与してきた団体だ。

みずのわ出版は幅広い出版活動を行っているが、『宮本常一離島論集』（全6巻）、『宮本常一写真図録』（全3巻）、『島――瀬戸内海をあるく』（既刊第1〜3集）など、宮本常一や瀬戸内海に関わるものが多い。興味のある人はぜひ手に取ってみて欲しい。手前味噌ながら拙著『島――瀬戸内海をあるく』は、最終的には瀬戸内海の全有人島の現在《いま》を網羅する予定だ。

周防大島（屋代島）
（すおうおうしま　山口県大島郡周防大島町）
面積：128.48㎢　**周囲**：約160㎞
人口：17,152人（2016年3月）
正式名は屋代島。瀬戸内海では３番目に大きい島。大島大橋で本州の柳井市とつながる。周防大島松山フェリーによって、柳井港と伊保田港、および松山市三津浜港と結ばれている。漁業、農業（主に柑橘）、観光業が主。

(9) 息づいている伝統行事

◆越智大島《おちおおしま》(愛媛県)――島人と自然に交流できる楽しい遍路市

2014年の4月、ゲストハウスにするためリフォーム中の家があるから泊まってみないかと、島四国心のふるさと会会長の矢野都林さんに声を掛けられ、越智大島(以下、大島)南部の正味《しょうみ》に泊まった。

翌朝の6時半、もうお遍路が来はじめているという声で起こされた。

今回大島までやってきたのは、発祥の地で島四国に参加するため。地元では遍路市《へんろいち》と呼ばれる島四国は、大島全体を四国に見立て、それぞれの地理地形に合わせた場所に札所を定め、本四国霊場よりも手軽に巡拝できるようにしたもの。文化4(1807)年地元の医師毛利玄得、修験者金剛院玄空、庄屋池田重太によって開創された。

手軽さが受け多くの人が訪れたが、人が集まることを危険視した今治藩により3人は弾圧された。しかし、文化7(1810)年真言宗総本山仁和寺から准四国霊場と認められ、新たな巡拝地としての地位を確立。

大島を嚆矢《こうし》として、その後瀬戸内海の島々に島四国が広がって行った。

1月に矢野さんと会って遍路市に誘われ、一度本場で体験したいとやってきたのだ。

「今年は、開創以来200年以上の歴史の中で、初めてという大きな変更を行いました」

遍路市の開催日は、当初から旧暦の3月19日、20日、21日と決まっていた。それを、現役世代や子どもたちも参加しやすいように、新暦4月の第3土曜日を初日とする3日間に変更したのだ。遍路市の伝統を次世代に引き継ぐための、苦渋の決断だったという。

ある意味では、極めて記念的な遍路市に来合わせたことになる。基本的なスタイルは、お遍路は札所を巡って些少の賽銭を置き、札所ごとに異なるお接待を受けるというもの。

正味の宿で自炊の朝食を済ませ、地元の人お勧めの38番札所（仏浄庵《ぶつじょうあん》）へ向かった。39番札所（宥信庵《ゆうしんあん》、正味が担当）の前を通ると、背中に「南無大師遍照金剛」と書かれた白衣をまとい、「同行二人《どうぎょうににん》」と記され頭陀袋を肩にかけた、それらしい格

39番札所宥信庵

きれいに清掃された38番と39番を結ぶ遊歩道

好のお遍路十数人が、経を唱えている。

38番へはなかなか本格的な山登りだが、道は手入れが行き届き清々しい。遍路市に備え、地元の人たちが清掃してくれたのだ。途中の風景が雄大で海に吸い込まれそう。淡い紅色のコバノミツバツツジや苔が美しい。海に突きだしているように見える札所は、ちょうど他の遍路たちがいなかったので、お接待の人たちとしばし歓談できた。

途中の道までは正味集落の守備範囲だが、38番自体は名駒集落がお守りしている。今治との間を櫓漕ぎの船が往来していた戦前、遍路市の時は特別にすぐ下の海岸線に接岸し、まず第一にここへ参る人が多かった。93歳になる母からそう聞いていると、50代のご婦人が教えてくれた。情景を思い浮かべるとのどかだが、来島海峡を櫓で漕ぎ渡るのは、難儀だったろう。

38番から戻って吉海の中心部にある情報ステーション空と海の駅まで送ってもらい、遍路市の地図を片手に周辺の札所を巡った。まず、甘酒の接待がある71番（金光庵）とヨモギの天

38番札所仏浄庵

ぷらをいただいた70番（車南庵《しゃなんあん》）を訪れる。69番68番は分かりかねたので後回しにして、海辺を歩き53番（牛頭山《ごずさん》）へ向かうと、そのまま54番（昌清庵《しょうせいあん》）、55番（櫛野辺堂《くしのべどう》）、56番（万性寺《まんしょうじ》）、57番（道場庵《どうじょうあん》）、58番（霊仙寺《りょうせんじ》）、59番（金剛院《こんごういん》）と、多少順番は前後しながらも、少し山がちな道を歩き、脇道で行き止まっては戻るのも楽しい。車道より踏み跡をたどる札所の方が味わい深い。ヤクルト、伊予柑、ところてん、飴、煎餅など、お接待の品々もさまざま。

昌清庵で、お接待のお茶と混ぜご飯のおにぎりをいただいて、昼食とした。その先の60番から64番までは、入り組んだ小道でつながっているよう。番号の表示を見て道を辿ったところに、大きな民家らしいお接待場所が見えた。外側から写真を撮ったところ「あっ写真を撮っているよ、あの人」そんな声がもれてきたので、遠くから会釈すると向こうも笑顔で会釈を返してくれた。コンクリート舗装の狭い急坂を登ると、桜が爛漫の61番（般若庵《はんにゃあん》）があった。

60番への道標

61番般若庵（香園寺）で読経する夫婦と法螺貝を吹く青年

ソメイヨシノも咲き残り、普賢象《ふげんぞう》（八重桜）も今を盛りと咲き誇っていた。

　ベンチに座って一息ついているところに、山伏ではないが法螺貝を持ち、腰に毛皮の腰当をした青年と老夫婦グループが現れた。ファッションが決まっている。家族のようにも、先達と老夫婦のようにも見える。夫婦が本格的にお経を唱えると、青年は法螺《ほら》で和した。

　お大師さんの加護とご接待がある、ありがたいピクニックというと怒られそうだが、単に歩くだけではなく地元の人と自然に交流できるのが嬉しい。足の悪いお年寄りもそれなりに楽しんでいるのが伝わってくる。ぼくのように気が向いたところで賽銭を置いて手を合わせる者もいれば、朱印帳を抱えて行列を作る人たち、各札所で必ず般若心経や真言を唱える人。法螺貝を轟かせた後、デジカメで可憐な普賢象を接写している青年の姿が、微笑ましかった。

越智大島（大島）（おちおおしま：愛媛県今治市）

面積:41.87㎢ **周囲:**49.9㎞ **人口:**6,405人（2016年6月）

芸予諸島に属し、来島海峡をはさんで今治港の北5kmに位置する。平成の合併前は越智郡吉海町と宮窪町の2町からなっていた。越智大島の「越智」は越智郡であるため。北東部の宮窪地区はかつて村上水軍の本拠地があったところで、すぐ近くに能島がある。南部の亀老山（きろうさん：307m）には展望台があり、絶景を目にすることができる。島にある霊場を巡る民間信仰の「島四国」のなかで、特に越智大島のものは有名。旧暦3月19～21日には遍路市の縁日があり、巡拝者が多く越智大島を訪れる。

アクセス：車：来島海峡大橋で四国本土と連絡、またしまなみ街道で広島県とも連絡。そのため、四国、中国地方から車、バスでのアクセスが便利。船：今治港―因島土生港への高速船が友浦港に寄航。また、幸港から津島への渡船がある（3便/日）。尾浦港（伯方島）―鵜島港―宮窪（大島）という渡船がある。なお、今治港―下田水（しただみ）漁港との航路は2013年で廃止。

◈櫃石島《ひついしじま》（香川県）——個性的な大的 ズンドー矢などが特徴のももて祭

弓神事の百々手《ももて》を初めて見学したのは、讃岐広島の茂浦《もうら》だった。

百々手は、正月から春先にかけて行われる弓矢を使った的射《まとい》の行事で、騎射《きしゃ》ではなく歩射《ぶしゃ》が基本となっている。矢で的を射ることによって、その年の吉凶を占ったり、豊作豊漁を祈ったり、個人的な家内安全や学業成就、時には恋愛成就などを願ったりする。また、邪気を祓う破魔の意味合いを持っていることも多い。中には、的射の腕を競い勝者には賞品が出るなど、厳かなだけではなく楽しい行事となっているケースもある。

塩飽周辺で百々手（ももて、百手とも）といえば、櫃石島《ひついしじま》や粟島《あわしま》が有名で、どれか一つは見てみたい、と思っていたていど。

ところが、たまたま縁ができた茂浦にも、百々手神事が伝わっていた。知る人はわずかだが、裃姿《かみしも》で古式ゆかしく執り行っているという。皆が知っているものより、未知の百々手を見学したいと、2014年2月上旬広島へ出かけた。

居合わせたよそ者は、民俗写真家の森本耕造さんと櫃石島出身の濱本敏弘さん、ぼくの3人だけ。話をしているうちに、濱本さんは櫃石島でももて祭の責任者である大前《おおまえ》を務めていることが分かった。うちのももて祭も一度見に来ないかと誘われ、今年の正月坂出《さかいで》駅前から与島行きのバスに乗った。

与島《よしま》で乗り換えて、櫃石島へ。朝の7時半、旧港前にある櫃石バス停で下車すると濱本さんが迎えてくれ、射手《いて》たちが集合する老人憩いの家へ案内された。

集合時間の8時までまだ時間があるので、人影はまばらだ。氷点下になった瀬戸内海で浮島現象を眺めて8時近くに戻ってくると、弓を手にした裃姿の人たちが集まっていた。中には、憩いの家で着替える人もいる。全員が揃ったところで宰領《さいりょう》が挨拶してお神酒《みき》をいただき、8時20分憩いの家を後にした。宰領、大前の順に列を作って「ノーマクサンマンダーバ」と唱えながら路地を縫い坂を登って、瀬戸大橋直下に位置する王子神社へ向かう。古式ゆかしい裃の行列と、先端技術が集まる瀬戸大橋が混然と一体化しているのは、不思議議な眺めだった。

王子神社拝殿の脇では、焚火が燃えさかっていた。射手たちは拝殿で神事に参加してから奉射《ぶしゃ》までの間、しばし焚

奉射に先立ち拝殿のまわりを一周

女竹と松の枝でズンドー矢を作る

火を取り囲んで暖をとる。その脇には、すでに射手たちのために座布団と手あぶり火鉢が用意されていた。神事が終わってから、拝殿の中を見せてもらうと不思議な大的があった。青い葭竹を網代に編んで白い紙を張った1間四方くらいの大きな的に、大中小の黒い点が33個も散りばめられている。濱本さんによれば、中心の大きな黒丸は大日如来を象徴しており、神仏分離令の前は別当が梵字を書いたともいわれているそうだ。

隣の社務所には、たくさんのご婦人方が出たり入ったりして慌ただしい。朝の7時半頃から集まって、なにか料理を作っているようだが、やがてその正体が分かる。また、境内の一隅に幕で囲われた一角があり、矢直しという重要な役割の人たちが、松の細枝の先をザックリ五角形に削った鏃《やじり》と女竹《めだけ》だけが材料のずんぐりした矢のようものを、作り続けている。スマートではないが、民芸品のような温かみのある不思議な矢で、ズンドー矢と呼ぶ。

射手たちの立ち位置が、とても変則的だった。大的に対して

最初だけ本矢で大的を射る

奉射の最初は本矢を射る

斜めに人が並ぶので、一番近い関からは大的まで20メートルほどだが、大前を務める濱本さんからは30メートルほどになる。やがて大前の「ヨーゴザル」という掛け声で蹲踞して、次いで少し腰を落とし前かがみの姿勢をとる。これは、揺れる船上において使っていた実践的な型だという。

何回目かのヨーゴザルで、奉射がはじまった。最初は、王子《おうじ》御神《おんかみ》と唱えて、各人が本矢を射る。その後も次々と、10柱以上の神々の名前を唱えては矢を射るのだが、初回以外はずっとズンドー矢を使い続ける。ももて祭終了後、大的に当たったズンドー矢を縁起物としてもらって帰る見物客も多いという。

奉射のさなか、時々中断してお神酒やサキイカ、ご飯の飲食があるのは珍しくないが、櫃石島では簡単ながら3回も料理が出てきた。初回は、焼き豆腐の吸物。次いで、青菜を散らした丸餅の吸物。最後は、アナゴの吸物だった。

神々の名前を唱えながらの奉射が終ると、厄払いと祈願の弓射となった。

ズンドー矢をつがえる

奉射の間に出てくる２番目の料理は餅

「47歳の男後厄〜、××××」

「61歳の女〜、所願成就」

「○○○○合格祈願」

「△△△△、海上安全」

などという、漁師が多い島らしい祈願もあった。

祈願が済むと大的の儀は終了して、社務所から4回目の料理が運ばれてくる。今回は本格的な食事で、昼食となる。お膳には、刺身、焼き魚、炊合せ、紅白ナマスが並び、なかなか美味しそう。熱々のご飯は別に持ってきて、茶碗によそってくれる。

射手は自分の席に座っていただくのだが、小雪が激しく舞いはじめて見るからに寒そう。お神酒がどんどん進んでいるようだ。中には飲み過ぎて、午後の部は代わりの人が登場するという一幕もあった。

昼食が終わると、大的はドンド（焚火）にくべて燃やしてしまう。炎の中には、古いお札や破魔矢、正月飾り

奉射が終わると大的は燃やされてしまう

小雪舞う中で昼食をとる
大前の濱本さん

なども投じられた。大的のあった場所には小的が据えられ、今度は本矢で射て1年の豊凶を占う。小的の一番中心に近い場所を射抜いた人が、御福神となり金封をつけた竹笹を持って、他の射手たちと「ノーマクサンマンダーバ」と唱えながら、魔を払うために集落中を巡って、老人憩いの家の前であっさり解散となった。

櫃石島
（ひついしじま：香川県坂出市）
面積：0.93㎢
周囲：5.5㎞
人口：202人（2016年4月）
香川県坂出港から北西約16kmの島で、島の上を瀬戸大橋が渡っている。島の南側には「櫃石」と呼ばれる巨岩がある。主な産業は漁業。「ももて祭」は毎年1月に王子神社の境内で催される。
アクセス：本土から瀬戸大橋づたいに路線バスで。島民関係者はゲートを越えて島へ入れる。

最後は集落を歩きまわり魔を祓う破魔で締めくくる。背景は瀬戸大橋

御福神が持って回る金封のついた竹笹

(10) 産業遺産の島

◆小島《おしま》(愛媛県)――数奇な運命をたどったバルチック艦隊防備の要塞

ずいぶん変わったと聞いて、13年ぶりに小島を訪れたのは2014年1月だった。波止《はし》浜港《はまこう》で渡船に乗り1人ポツンと出航を待っていたら、直前になって老若男女入り混じったグループがどやどやと乗り込んできた。

土曜日とはいえ、真冬にわざわざ島ですか。自分のことは棚に上げ、そんなことを思ってしまう。小島で一緒だったら避けて行動したいと考えていたら、幸い来島《くるしま》で下船した。史跡を探訪するツアーの参加者だったようだ。

小島へ降り立った第一印象は、全体に小ぎれいになったな。また、港近くにはかつてなかった観光休憩所ができ、新しい観光案内マップには要塞跡歴史散策のモデルコースも載っていた。

さらに目を引いたのは、来島海峡を睨んで設置された真新し

芸予要塞南部砲台跡

芸予要塞発電所跡

い28センチ榴弾砲。NHKのスペシャルドラマ「坂の上の雲」を撮影する際、忠実に再現されたレプリカだという。

　最初は、以前見落としていた南の探照灯跡を目指した。せっかくなので、まず島の最南端まで行って、雄大な来島海峡大橋を一望し、暗礁から船を守っている来島中磯灯標と激しく流れている海を眺めてから、探照灯跡へ。かつては愛媛県本土最北端の大角鼻の岩場まで照らしたといわれる探照灯はもちろんなく、台座となった施設のみ残されていたが、緻密に積み上げられた花崗岩も煉瓦も朽ちた様子は、ほとんど窺えない。

　発電所跡には「小島砲台の歴史」という案内板があった。要約すると以下のようになる。

――ロシアの南進を重視した政府は、露・独・仏の三国干渉後、東京湾や瀬戸内海周辺の要塞建設を積極的に進め、ロシア海軍の侵攻に備えた。小島は「芸《げい》予《よ》要塞《ようさい》」に編入され、三原水道の大久野島と共に建設がはじまった。そして中部、北部、南部砲台を構築し、司令塔、弾薬庫、火力発電所、地下兵舎などの付帯設備が相次いで造られ、１９０２年に完成。日露戦争で勝利した後は必要なくなり、１９２４年に廃止された。２年後、軍用機の爆撃目標とされたが一部損壊にとどまり、後に波止浜町（現今治市）に払い下げられた。

　前回は、仮の屋根で急場しのぎしていた発電所跡は、菊間瓦できれいに葺かれて見違えるよう。その時は、河野美術館館長の桑原友三郎さんと今治市文化振興課課長補佐の長野誠悟さん（肩書はいずれも当時）が一緒で、印象的な話をいくつも聞かせてもらった。

「ここで発電して探照灯に電気を供給したんです。だから、小島に電気がついたのは、今治や松山よりも早かった。もっとも、要塞の中だけですが」

小島要塞建設を指揮したのは、フランスの砲工学校に留学し世界最新の築城工学を学んだ陸軍のエリート上原勇作工兵中佐。現在の金額に換算すると100億円ともいわれる巨費を投じた工事には、無筋コンクリートの曲面天井や煉瓦造りのアーチなどの新技術が導入された。また、当時最大級だった28センチ榴弾砲は、日本で開発されたものだった。

小島で火を噴くことがなかった榴弾砲だが、わずか2年後の1904年の暮れ、日露戦争の激戦地となった旅順へ運ばれ、最難関の二〇三高地攻略に大きく貢献したという。後に、最新の兵器として抬頭してきた飛行機による爆撃演習の標的に小島砲台が選ばれると、元帥に昇進していた上原は「あんな飛行機ぐらいで壊れたりしないよ」と豪語したという。

北部砲台の通路周辺には、演習による爆破跡がそのまま放置されているが、確かに大して壊れていない。爆撃技術や破壊力が未熟だったため、軽微な損害で済んだらしい。

小島要塞には後日談がある。払い下げを受けた波止浜町の原町長は、もう一花咲かそうと尽力する。

道路や海水浴場を整備し、売店を設置して船も増便するなど、行楽地としての体裁を整えた。また、伊予商運の斎藤為助は、小島へ京阪神からも行楽客を呼びこもうと企て、弾薬庫を利用した宿泊施設を整備し、炊事場、浴場、弓場、テニスコートまで作り、桜と紅葉の苗木を千本ずつ植えた。官民挙げて小島のリゾート化を志したのだが、公園化構想は戦争の激化によって頓挫してしまい、食糧増産のため開墾されてしまったという。

戦後、少しずつ小島要塞の歴史的な価値が評価されるようになり、１９７７年今治市が遊歩道沿いに２５００本のツバキを植樹。１月に訪れた時は、ツバキが群がり咲く紅の花で歓迎してくれた。２０００年に今治市を中心に小島砲台百周年顕彰事業が行われ、翌年は土木学会により小島砲台が選奨土木遺産に選定される。地元では、近代の歴史を偲びながら、四季折々の景観を楽しめる遊歩道がある島として、定着しているようだ。

芸予要塞探照灯跡

28センチ榴弾砲のレプリカ

小島
（おしま：愛媛県今治市）
瀬戸内海の中央、芸予諸島にあたる。
面積：0.50㎢
周囲：3㎞
人口：人口：11人（2016年6月）
愛媛県今治市より北に約500m先にある。瀬戸内海防衛のため、1899年に起工された芸予要塞が残ることで知られる。
アクセス：今治市波止浜港から来島を経て渡船。

◆大久野島《おおくのしま》（広島県）——ウサギ人気に占領された毒ガスの島

昨年のゴールデンウィーク、大久野島に渡るため忠海《ただのうみ》駅で下車し港へ向かって驚いた。呉線の踏切りを渡ったあたりから、船着場へ長い行列ができているではないか。小さな子どもを連れた家族も多く、みんな袋に入れたキャベツやニンジンをぶら下げている。連休でもあまり混んでないだろうから、そんな気持ちできたので、ぼくはもちろん手ぶら。

並んでいるうちに雨が降ってきたが、脱落者はいなかった。大久野島のウサギが注目されはじめたと知っていたが、油断していた。乗船できたのは、港到着1時間後だった。

大久野島の桟橋周辺は、下船乗船にバスを待つ人まで加わって大混乱。大半の人は休暇村方面へ向かうので、発電所跡に立ち寄ってから、島を一周することにした。発電所付近にもウサギに餌を与える人が出没していた。持ち込み野菜の一番人気は、キャベツ。食べ残し野菜も、至る所で目につく。ウサギは愛ら

大久野島行きの船を待つ行列

陶磁器製毒ガス製造器具の隙間に隠れ棲むウサギたち

しく、ぼくも好き。しかし、餌をやったつもりが、野菜を捨てている。なんらかのルール作りをしないと、いずれ問題になるだろう。

坂道をだらだら登り、中部砲台跡へ向かう。日露戦争前にバルチック艦隊の来寇に備えて、来島海峡の小島と対で建築された芸予要塞の遺構だ。しかし、中部砲台の前に山頂展望台にたどりついてしまった。好天なら360度の眺望を楽しめるが、雨が時々落ちてくる。展望台に近い木陰のベンチで弁当を食べていると、欧米人と中国人のグループが、野菜のたっぷり入った袋とペットフードを持って現れ、木陰にいたウサギに餌をやりはじめた。

中部砲台跡は、レンガ積も漆喰や御影石、コンクリートも保存状態がいい。続いて、北部砲台跡へ。途中から、直登ならぬ直下降の急階段になった。それでも、ところどころにキャベツが落ちていた。以前は入れた北部砲台の内部だが、進入できないよう頑丈な柵ができていた。一周道路に出ると、ウサギの餌を手にした人がたくさん歩いていたり、しゃがんだり。素直に寄ってくるウサギもいれば、人が近づくと逃げ腰になるものもいる。

芸予要塞の片割れ小島は、要塞廃止後官民を挙げてリゾート化が試行された。

一方、大久野島には秘密裡に毒ガス工場が造られた。

陸軍の新工場建設の話が持ち上がると、ひどい不況の時代に倒産の心配がない軍需工場が欲しいと、各地で激しい誘致合戦がおきた。1927年、見事に栄冠を獲得したのは、大久野島を有する忠海町だった。

どんな工場か知らない人たちは、提灯行列で歓迎し祝ったという。

1929年5月、東京第二陸軍造兵廠火工廠忠海兵器製造所が完成。国際条約違反の毒ガス生産がはじまった。工場の規模がどこまで膨らむか、誰も予想していなかったようだが、従業員は1933年に200人、1937年には1000人を超え、最盛期には5000人に達したという。当時、大久野島は軍の機密により地図から消されてしまう。

1940年には、工場内に陸軍造兵廠技能者養成所を設け、高等小学校の優秀な卒業生たちを採用しはじめる。原料不足で毒物の製造が下火になった翌年、敗戦を迎えた。その時、3000トン以上の毒ガスが残されていた。そして、戦後の毒ガス処理に当たって多くの被爆者を出す。

手づくり火炎放射器で毒ガスを焼き払った痕跡である真っ黒にすすけた毒ガス貯蔵庫跡を観察していると、あとからやってきた若者3人組が立ち止まった。

「ウサギの島っていうけど、こっちの方が凄いんじゃね」

「毒ガスだってよっ。恐ろしいよな」

「戦争は、嫌だよな」

大久野島にウサギを求めてやってきても、戦争と平和について考えるきっかけになるなら、いいかもしれない。ウサギ狂想曲の中に、希望がほの見えた一瞬だった。複雑な思いがしたのは、小さな毒ガス貯蔵庫前で、幼子たちが無邪気にウサギと戯れていたこと。

驚いたことに、毒ガス資料館の前には入館券を買うちょっとした行列ができていた。小さな展示室は、人でいっぱい。いつも人はいなかったのに。

館長に聞くと、毒ガス資料館の入館者も最近になって激増しているという。これも偏にウサギ効果だろう。

安心したのは、見学者はみんな真剣な表情だったこと。大久野島産の毒ガスが、日本軍によって遺棄された中国大陸で、現在も時々被害者を出していることも、明記されている。毒ガスは歴史の彼方に消え去ったわけでなく、現在進行中の生々しい存在なのだ。

ウサギに導かれて大久野島へ来て、そんな現実に触れてくれたと思えば、大久野島の毒ガス工場や戦後処理で大量に発生した毒ガス被爆者たちも、少しは報われるかもしれない。

芸予要塞北部砲台跡

芸予要塞中部砲台跡

毒ガス工場発電所跡

毒ガス貯蔵庫とたたずむ若者たち

大久野島

（おおくのしま：広島県竹原市）

面積：0.70㎢　**周囲：**4.3㎞

人口：5人（2016年6月）

忠海港の南約2.5kmに位置し現在ではウサギの島として知られる。日露戦争前に要塞化された。要塞廃止後1929年に毒ガス工場が設置され、いまだ要塞跡や毒ガス工場跡が残る。

アクセス：忠海港から盛（大三島）行きフェリーで大久野島に寄港（大三島フェリー：7便／日）。シーズンによっては竹原港から高速船あり。

(11) 特別な歴史を持つ島

◆庵治大島《あじおおしま》(香川県)――白砂青松の優しげな島に埋もれた暗い歴史

庵治大島(以前は庵治町だったことによる呼称。以下、大島)へ行く船は、高松駅のすぐ目の前、歩いて3分ほどの第1浮桟橋から出ている。桟橋のたもとにある青松園(※)の事務所を訪ねると、乗船場所を教えてくれた。高松―大島間には、全国で唯一の官有船が就航し、1日5往復している。船賃は無料で、予め施設見学許可を取っておけば乗船できる。

近づいてきた大島は、黒々と聳える老松の群れを背景に、白い砂浜に縁どられていた。瀬戸内海の典型的な白砂青松を地で行く美しさ。

1909年4月、ハンセン病患者を収容する大島療養所として発足。人権蹂躙の「らい予防法」が、1996年に廃止されるまで、強制隔離などで多くの患者を苦しめたが、青空の下で輝く大島はそんな暗い歴史を感じさせなかった。

上陸して松の古木の間を歩いていると、以前聞いた入所者の言葉が思い出された。

「昭和35年頃までは、絶対に松は伐らなかった。患者の手足は切っても松は伐るな、です」

※国立療養所大島青松園

福祉室の室長に納骨堂へ案内してもらう途中、青松園の現況を聞いた。2015年12月1日現在の入所者は65人（男35人、女30人）。その前に訪れた2010年8月は、107人。最初の2004年10月は、168人だった。毎年、10人くらいずつ減っている。ということは……。

現在、平均年齢は82・6歳、平均在園年数は56・3年。最高齢は94歳、最年少は67歳だという。今やハンセン病は容易に治療できる病気であり、入所者の人たちはすべて元患者だ。いや、らい予防法ができた時、すでに治療法は確立されていた。なのに、悪法は施行された。

納骨堂は、瀬戸内海と男木島、女木島を望む西に開けた小高い丘に建っていた。内部には硬く張りつめた沈黙が満ち、亡くなってもなお故郷に帰ることができなかった1436柱の遺骨を納めた箱が静かに眠っていた。外に出て周囲を見渡せば、どこまでも明るく穏やかな瀬戸内海の景観が広がり、却って深い哀しみを覚えてしまう。

穏やかなたたずまいの大島の島影

入所者たちの居住区

空き部屋が増えているので、一部を改修して社会交流会館を建設し、資料の展示や交流の場にする計画がある。また、人数がかなり減ったので、入所者には島の中心に近い不自由者棟（現在は体が不自由でない人も使用）に集まって住むよう勧めているという。

２０１５年７月、大島も離島振興対策実施地域に指定されたので、その後の変化を聞いたが、主体となる高松市が検討中のため、青松園に目立った動きはないという。

愛媛県西条市出身で盲人会会長の磯野常二さんは、小学校５年生の時に発病し、昭和17年の７月に青松園へ連れてこられた。大島では入所者３人が先生になっている学校に通ったが、母校の神戸《かんべ》小学校は卒業することができなかった。

「それでも、私は恵まれていると思います」

人権問題にかかわっている人たちが、磯野さんをなんとか故郷に帰らせてあげたいと動き、80歳の時に神戸小学校で晴れて卒業式をしてもらったのだ。

「故郷に帰ることで寝た子（ハンセン病への偏見や差別意識）を起こすことになりはしないか心配しましたが、自分が行くことで啓蒙が進むのではないかと出かけました。一番嬉しかったのは、隠していたつもりだったのに、周囲の人はみんな（常二さんがハンセン病であったこと）知り抜いている。（だから気にすることはない）姉さんがそう言ってくれたことです」

84歳になる磯野さんは、大島に関する豊かな将来構想を、熱く語ってくれた。

「第2の故郷として、有人島のまま残したい。入所者がいなくなっても、無人にせずに慰霊碑でも建てて守って欲しい。空き部屋を老人ホームや身障者施設として使ってもいい。空き家を借りたいという人もいるから、リゾート地にしてもいい」

リゾートという言葉は青松園にそぐわない印象を抱くかもしれないが、景観的には素晴らしいし自然環境もいいので、決して絵空事の夢ではない。

「ハワイやオーストラリア、カナダ、あるいは大島へ、という風になればいい。それには桟橋を整備して航路権を設定し、民間の船が寄港できるようにして欲しい」

磯野さんの話を傾聴した後、青松園の中を巡った。コンサートなども行える大島会館をのぞくと、午後に会う予定の脇林清さんの写真がたくさん展示され、近くには吉永小百合さんが訪問した時の写真も飾ってあった。印象的だったのは、ロビーに

納骨堂には1436柱納められている

大島会館は入所者と来訪者の交流の場

展示されていた園内通貨。
――拘束制度の一つとして、島からの逃亡防止のため昭和初年廃止まで一般の通貨に替えて入所者には園内通貨が持たされていました。

島の北端を訪ねると火葬場と観音像があり、その先には「せめて死後の魂は風に乗って島を離れ、自由に解き放たれますように」という願いが込められた「風の舞」と呼ばれる納骨した残りの遺骨を納めたモニュメントがあった。周辺は、どこまでも風光明媚。

島内のクルマには「宿舎自治会2」とか「福祉15」と記されたナンバープレートがつけられ、やはり特別な場所なのだと感じさせられる。大島は青松園だけの島と思われがちだが、実は一般住民もいて、多くの人が青松園の職員として働いていた。

しかし、2015年の春に、最後の人が島外の子どもの許へ引き取られていったという。南側には3階建て、4階建ての集合住宅が十数棟あり、一番奥には庵治第2小学校と、閉鎖され

風の舞。納骨した残りの遺骨を納めてある

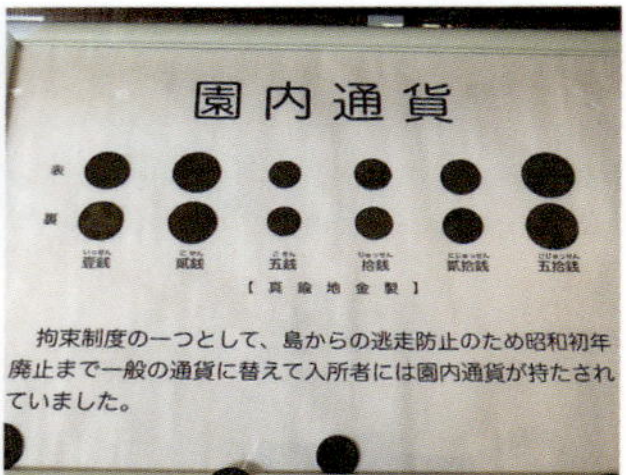

昭和初年廃止まで使われた園内通貨

た保育園があった。

さらに、ヘリポートに立ち寄り、第1～3センターと呼ばれる居住区や病棟、治療棟、機能訓練棟などを結ぶ迷路のような路地を縫って、大島会館へ戻ってきた。

午後1時に福祉室に行くと、第2不自由者棟の中にある脇林清さんの部屋に案内された。バリアフリーの明るい部屋へは、1カ月前に奥さんと2人で引っ越してきたばかり。前回の瀬戸芸で、青松園の昔の写真を蒐集展示した脇林さんは、カメラマンとしても知られている。

「自然と人の関わりあいに昔から興味がありました。自然と直接向き合うことで、癒されることが多かったんです。ここはとても自然に恵まれた島ですよ」

昭和6年生まれで84歳になる脇林さんだが、外見も気持ちも若々しい。キリスト教霊交会の信者で毎月牧師を呼んで続けていた礼拝を、昨年8月で中止したという。

「信者は4人いますが、坂の上の教会まで行くのが大変になり、

庵治第2小学校

ナンバープレートには宿舎自治会2

私と一対一のことが多くなったからです。しかし、高松教会のお蔭で、信仰活動は続けていけそうです」

前回の瀬戸芸では、脇林さんが発見した海岸に転がっていた解剖台が展示されたが、その後遺体解剖に使用されていた当時の写真が見つかったという。

「入所者は、死ぬとまず解剖室へ運ばれました。手や足、内臓、時には胎児も、切り取られホルマリン漬けにされた後、遺体が引き渡されたのです」

脇林さんの話を聞き終えて、教えてもらった治療棟入口に行くと、『生の痕跡と記憶―解剖台ほか』という脇林さんの手作り写真集が置いてあった。冷ややかで無表情な解剖台は、ハンセン病患者に対する世間の顔のようだった。

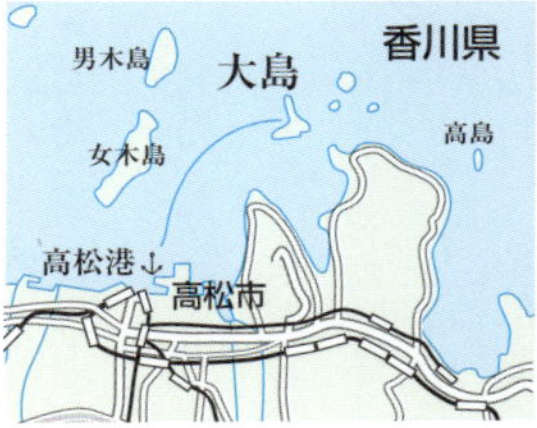

庵治大島（大島）

（あじおおしま：香川県高松市）

面積：0.69㎢

周囲：4.2㎞

人口：71人（2016年7月）

庵治港北西約2.5kmに位置し、ハンセン病回復者の療養施設である「国立療養所大島青松園」がある。瀬戸内国際芸術祭2016年の会場。

アクセス：庵治港からフェリー。高松港から客船。

脇林清さんの写真集「生の痕跡と記憶―解剖台ほか」

◆犬島《いぬじま》（岡山県）――現代アートの島に秘められた有為転変

犬島と聞いて、人はどんなイメージを抱くのだろうか。

現在は、犬島精錬所美術館や瀬戸内国際芸術祭など現代アートを思い浮かべる人が多いだろう。もしかしたら、アートのイメージしかないかもしれない。

しかし、20年前は犬島石（花崗岩）採掘と廃墟と化した銅製錬所の島だった。そして、全国的な知名度は皆無だったといっていい。同じようにアートの島というイメージが定着している直島も製錬の島だし、豊島《てしま》は産廃不法投棄の島（実際は文化も自然も豊かな島）だ。

世の移ろいは、実に興味深い。犬島に至っては、島の象徴的存在だった廃墟自体がアート作品として生まれ変わり、全くイメージの異なる象徴になってしまったのだから。

十数年ほど前になるだろうか、犬島の在本桂子さんから「今度、福武さんが銅製錬所の跡地を買ったらしい」という電話を

島のいたる所で犬島石が使われている

海上から望む犬島

もらった。騒ぐ想いを鎮めたり、時に人の心を波立たせたりする、不思議な磁場を持つ廃墟の行く末を、ぼくが案じていたことを思い出して、連絡してくれたという。これで、素晴らしい廃墟がいたずらに朽ちることはなくなったと胸をなでおろし、さすがに福武氏はお金の使い方を知っている、とも思った。

その後、廃墟は演劇空間として使われたりもしたが、今は巨大なアート施設となって、日本はもとより遠く海外からも、多くの現代芸術愛好家を犬島へ招きよせている。

ところで、アートの島犬島は、ここにいたるまでどんな有為転変を経てきたのだろうか。

在本さんが中心になってまとめた『犬島

敷石も塀も煉瓦だらけの製錬所跡

採石場跡に水が溜まりできた池

製錬所跡

の石　嫁ぎ先発見の旅―犬島ものがたり』（犬島再発見の会編）を参考に、犬島のたどってきた歴史を簡単に紹介しよう。

明治時代まではもっぱら石の島として栄えていたようで、1950年島の古老によって発見された三つ巴の文様が刻まれた石は、大阪城の残石と考えられている。そんなエピソードから推察されるように、犬島の花崗岩は各地へ運ばれ利用されてきた。

在本さんが訪ねた犬島石の嫁ぎ先（使用場所）は、岡山城、岡山後楽園の庭石、牛窓港の一文字波止、大阪城、大阪築港、大阪万国博覧会日本庭園、平城京跡朱雀門など。遠くは、鎌倉鶴岡八幡宮大鳥居に及ぶ。

犬島が、最初に大賑わいとなったのは、大阪築港が本格化した1899年頃で、多くの石工などが集まり数千人の人口を数えたという。現在の人口は50を割り込んでいるので、今の100倍以上の人が満ち溢れていたことになる。犬島の面積は0・5平方キロ強で、1平方キロ当たりの人口は、1万人を超えたわけだ。しかし、大阪築港が一段落して石の需要が減ると、採石はたちまち下火になり、人々は去って行った。

しかし、その直後の1909年、犬島の東海岸に坂本合資会社犬島製錬所が建設されて、銅の製錬を開始した。するとすぐさま人が戻ってきて大変な賑わいを見せ、会社の社宅が次々と作られた。最盛期には、今は静まり返った港周辺に飲食店、料理屋、旅館などが建ち並び、三味線や太鼓の音が夜遅くまで聞こえていたという。また、会社専属の演劇場もあれば、会社の請願巡査駐在所もあり、このあたりでは一番の都会だった。製錬所に自家発電所もあったので、社宅には電灯もついていたという。

しかし、その繁栄も長くは続かなかった。第1次世界大戦後の不景気により銅価格が大暴落。1919年3月に犬島製錬所は閉鎖されてしまい、アートとして新たな生命を得るまで、100年近い眠りにつくこととなる。現代アートの陰に秘められたそんな歴史に想いを馳せながら作品を鑑賞すれば、一味二味違って見えるかもしれない。

また、石垣、石段、石畳、定紋石。井戸を畳んでいる石も、釣瓶用の滑車がぶら下がっていた柱も、柱島内放送のスピーカーを設置し半鐘をぶら下げた柱も、犬島石。島の至る所に犬島石が惜しげもなく使われている。アート巡りもいいけれど、その途中で顔をのぞかせる犬島石の面影を味わいながら歩くのも悪くはない。

犬島（いぬじま　岡山県岡山市）

面積：0.54㎢ **周囲：**3.6㎞ **人口：**50人（2016年4月）

岡山市の東南端、宝伝・久々井地区の沖約2.2kmに位置する、岡山市唯一の有人離島。ベネッセアートサイト直島の舞台の1つ。古くから花崗岩の採石業で知られ、犬島の花崗岩は大阪城や江戸城の石垣にも使用されたほど。また明治になって銅の精錬業で隆盛を極めた。2008年4月に財団法人直島福武美術館財団（現・公益財団法人福武財団）により、犬島精錬所の遺構を保存再生した犬島アートプロジェクト「精錬所」（現・犬島精錬所美術館）がオープンし、集落内にはギャラリーも整備され、芸術の島に生まれ変わりつつある。

アクセス：宝伝港から高速船で約10分。また直島宮浦港から豊島の家浦港を経て犬島までの高速船あり。瀬戸内国際芸術祭2016会期中は小豆島土庄港との直行便あり。

瀬戸内国際芸術祭の島

●女木島《めぎじま》（香川県）

瀬戸内国際芸術祭の開催地となってから、にわかに遠来の客が増えた島もある。ＪＲ高松駅前の桟橋から、フェリー（1日6往復）に揺られわずか20分で行ける女木島がその代表だ。美しい白砂の海水浴場があり、夏季は往復12便に増便されるほど、これまでも地元では知られた島だった。島の中腹にある巨大な洞窟は、桃太郎伝説の鬼の住処ともいわれ、鬼ヶ島の別名がある。旅人の対応をしているのは、その名も鬼ヶ島観光協会。

フェリーに接続して、鬼ヶ島大洞窟行きのバスが運行されている。延長４００メートルほど

女木島のモアイ

修復されたオーテ

ある洞内は多くの部屋に分かれていて、大洞窟天満宮、宝庫、監禁室、鬼の力水、鬼大将の部屋などの、見所が満載。また、港近くのおにの館では、鬼にまつわる資料を展示している。港周辺には、高さ3、4メートルにおよぶオーテと呼ばれる防潮防風用の石垣が築かれ、独特の景観を見せている。島内には2000本の桜が植えられ、春は花見客でも賑わう。

MEMO
瀬戸内国際芸術祭

瀬戸内海の島や周辺地域（香川、岡山）で開催される現代美術のイベント。2010年に第1回が開催され、3年おきで開催。第3回（2016年）は、春、夏、秋の3つの会期で、12島（直島、豊島、女木島、男木島、小豆島、大島、犬島、沙弥島［春のみ］、本島［秋のみ］、高見島［秋のみ］、粟島［秋のみ］、伊吹島［秋のみ］）および高松港・宇野港周辺を舞台に開幕。

女木島の海水浴場へ向かう人たち

おにの館

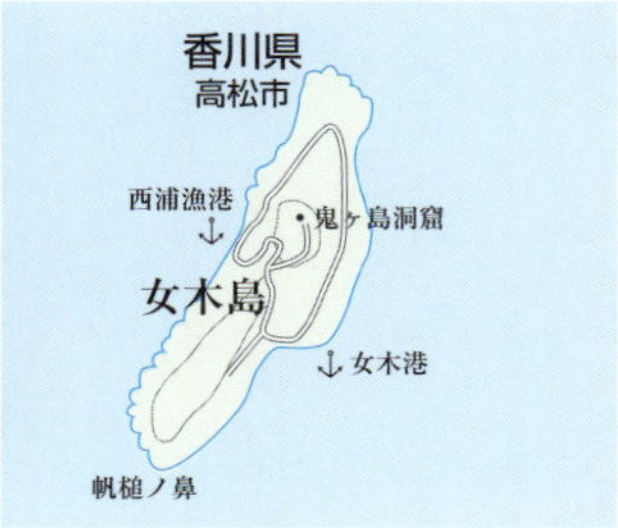

女木島
（めぎじま　香川県高松市）
面積：2.62㎢
周囲：8.9㎞
人口：171人（2016年7月）
高松市沖約4kmに位置し、1km沖の男木島（おぎしま）と雌雄となる。島自体の形は細長い。オーテと呼ばれる民家を囲む防潮防風用の石垣が特徴。また、鬼ヶ島大洞窟がある。瀬戸内国際芸術祭の会場でもある。
アクセス：高松港から男木島行きフェリー20分（雌雄島海運：6便／日）。

（12）人口一桁の島

◆小与島《こよしま》（香川県）――年に一度の春祭りは大家族の親睦会

2014年4月13日9時13分坂出駅《さかいで》に到着すると、改札口でHさんが待っていた。2カ月前に他の島で知り合い、一時中断された小与島の春祭りが復活していると教えてくれた人だ。一度見たいとHさんを通じて自治会にお願いし、今回参加できることになった。

小与島は、結果的に瀬戸大橋によって切り捨てられた島だ。

架橋以前は、岡山の下津井《しもつい》と坂出の間に航路があり、小与島や橋脚にされた島々を、千当丸という連絡船が繋いでいた。大橋開通で、他の島はみな陸続きになった。小与島だけは孤島として取り残されたため、島の民宿経営者が与島のフィッシャーマンズワーフと小与島を結ぶ航路を開いた。ところが、船長は与島の港で不慮の死を遂げ、それきり定期船の通わぬ島になってしまった。

人々はどんどん島を離れるし、自分の育った島へ行くことすらままならない。根無し草状態に陥った小与島出身者たちが年に一回チャーター船で島へ渡り、一堂に会するのが春祭りなのだ。経費の問題もあり一時、皆が集まるのはやめて少人数で神事だけ行う春祭りにしたが、よくないことが続き復活されたという。

10分ほど歩いて現れた坂出港では、小与島でチャーターした「第五あさひ」が待っていた。ほとんど人は乗っていない。9時45分頃から急に混雑しはじめ、席がどんどん埋まっていく。

50人ほど乗せた船は、10時過ぎ静かに出航した。今日は一日雨が降り続く予想で、海上にもしとしとと降りやまない。船は与島にも寄ったが、乗り込んできたのは2、3人だけ。しばらく待つうちに、与島の駐在さんと白装束の神主さんがやってきた。これで全員揃ったらしい。

船はすぐに小与島に向かい、5分足らずで到着した。わずかな時間で渡れる海が、陸続きの与島と孤島の小与島を大きく隔てている。みんなわらわらと上陸する。雨が降っているけれど、子どもたちは嬉しそう。久々に故郷に上陸できた大人たちの表情も明るい。出迎えてくれたのは、石材業を営んでいる自治会長の中野三郎さんと息子の健君。現在島に住んでいるのは、三郎さんの奥さんを加えた、中野家3人家族のみ。

主会場の神社には幟や日章旗が立ち、遠くからも分かった。上陸した人たちは、すぐ神社へ向かわず疲れ気味の家々へ入っていく。自分の持ち家で、それぞれの用を済ませるようだ。なにかを持ってくる人もいる。島で暮らせるならば、残りたい人もいるだろう。

開放的で広い神社の境内では、子どもたちが雨合羽を着たり傘をさしながら、元気よく遊び回っている。エノキの大樹の枝からさがるブランコや遊動円木があり、それに群がったり、わけもなく走り回ったりと楽しそう。子どもたちにとっても、年に一回の日頃会えない友だちと遊べる春の遠足なのだろう。大きな子も小さな子も入り混じって遊んでいる。

境内に建つ坂出市中央公民館小与島分館では、直会の準備をしていた。Hさんに自治会長の中野さんを紹介してもらい、お供えの一升瓶を渡しながら挨拶をする。

集落周辺を一巡りして戻ると、小さな石造の社殿の前に神事の参列者が十数人整列していた。供え物は、酒、餅、大きなタイ、野菜、スルメ、高野豆腐など。神事が終了すると直会になるのだが、こちらは単なる便乗者で縁はない。久しぶりの小与島を散策してみよう。廃墟リゾートが望めるところまで来て、突然携帯電話が鳴った。Hさんの呼び出しだった。

公民館へ戻ると、正式な料理はともかく、つまみと酒がある

春祭りの神事を執り行う

チャーター船で小与島に到着

ので一緒に飲もうという。少し汗をかいていたので、冷たいビールがうまい。

　つまみは乾きものが中心だが、やがて神饌《しんせん》のタイが刺し身になって回ってきた。添えてある旬のワカメもうまい。集っている人たちは遠い近いはあっても、ほとんどが親戚のようなもので、石材業関連の人が多かった。お開きの時間になって、カサゴの味噌汁とパックに入った鯛めしまでいただいてしまった。

　直会の後は、土俵で相撲大会がはじまった。軍配を持った行司はいるものの、誰かがかわるがわる握っている。適当に土俵上に上がった者同士が対戦するのだが、極端な力の差がある場合はどちらかが適当な人に替わるなど、不平等な対戦にならないよう自ずと配慮されているようだった。

　年頃の娘さんと小学生男子の対戦もあり、女の子が砂の上で転んでいた。みんな屈託のない表情で、まさに気心が知れた大家族の集まりのようだった。

　2時20分頃、後片づけがはじまった。子どもたちはまだ相撲

笑顔で送ってくれた中野三郎さんと健君

祭りが終わり撤収作業

に興じていたが、間もなく手伝いはじめた。すぐに名残り尽きない別れの時がきた。

3時ちょうど、あさひ丸が小与島から出航した。

見送ってくれた中野さん父子の笑顔は、天気とは異なり晴れ晴れとしていた。

日々の移ろいは早いもので、春祭りに参加した翌年の暮れに小与島を訪ねたら、石材業をやめた中野三郎さんは漁師になり、息子の健君は街で就職していた。

小与島の集落

小与島
（こよしま　香川県坂出市）
面積：0.26㎢
周囲：1.3㎞
人口：統計なし
坂出市沖10kmの与島の東400mに位置する。石材採取跡がある。瀬戸大橋を展望するにはよい島。
アクセス：定期便なし。チャーター船などで。

◆情島《なさけしま》（広島県）――イノシシに苛まれる元軍都呉のお膝元

この記事を書くにあたって、呉市に電話をかけた。3年前の夏に訪ねた時、島人と交わした以下のような会話がとても印象的だったからだ。話す表情は冗談ではなく、真剣そのもので切々と訴えるよう。

「イノシシ被害がこれ以上ひどくなったら、人間が出て行くしかない」

そう語りながら、不安気に付け加えた。

「もう2人亡くなったら、無人島になってしまうかもしれない。人口があまり少なくなると通船も止められるのではないか。そんな危機感を持ってます」

当時の実人口は8人。無人島化したというニュースは耳にしていないが、自分が知らないだけかもしれないので、確認しておこうと思ったのだ。取りあえず、市役所の代表番号に電話してみた。大きな自治体の受付は、か

海上から見た情島集落

阿賀港に停泊中の情島通船

なり複雑なことを質問しても、即座に適切な個所へ回してくれることが多い。以前、別な用で呉市に電話した時も、すぐに対応してくれた。

「情島の現在の人口を知りたいのですが」

「情島は、呉市じゃありませんよ」

えっ、勘違いしていたかな。でも、間違いなく呉市のはず。確かに、山口県に情島という有人島がある。呉の情島より人口は多いが、80人弱の小島だ。そこを知っているのに、地元の情島は知らないはずはないだろう。

「阿賀は、呉市ですよね。その沖にある情島の人口なんですけど」

「ええ、阿賀は呉市ですが……。少しお待ちください」

2分ほど待って、やっとどこか担当箇所に繋いでくれたらしい。もっとも、地元阿賀でも情島の存在を知らない人がたくさんいたことは付け加えておこう。

「情島の現在の人口を知りたいのですが」

さっきと同じ質問を繰り返した。

「えっ、ちょっとお待ちください」

用件が伝わってなかったらしい。今度は、30秒ほどで回答があった。

「10人から20人の間くらいです」

「増えたんですか。3年前に行った時、すでに8人になっていたんですが」

「実際、何人が島で暮らしているかまでは、分からないんですよ」

確かに、役場は個々人の行動を把握しているわけではない。住民票を置いたまま、対岸の本土に住む人もいれば、逆もある。本土の病院や施設に入っていても、書類上はまだ島に住んでいる人もいる。少なくとも、まだ無人化はしていないようだ。

自分がどこかに住んでいることは、動かしがたい事実のように感じているが、突き詰めていくと住んでいることの曖昧さが露わになってくる。それも、小島の面白さ。

阿賀港の8キロ沖合に浮かぶ情島は、山がちな島で平地はほとんどなく、集落は南西端に一カ所あるだけ。それでも、敗戦直後は200人以上が住んでいたこともあったし、軍都呉のお膝元なので戦争中は軍人や朝鮮人労働者がたくさん住み込んでいたという。

3年前に話を聞いた島の古老によれば、戦前から戦中にかけてよくぞこの狭い島にと思うほど、多種多様な軍事施設が造られたという。軍艦日向の係留地として利用され、聴音探照所や聞いたこともない幻の水陸両用戦車の訓練場、それに伏龍特攻基地などもあった。

伏龍はあまり知られていない特攻兵器で、潜水服を身にまとった特攻隊員が棒の先に付いた機雷をもって海底を歩いて行き、敵艦の底を突いて爆破するという荒唐無稽なもの。こんな兵器の訓練に駆り立てられて訓練中に亡くなった隊員は、きっと浮かばれていないだろう。

　夕方、集落周辺を散歩したが、軍事施設の痕跡はほとんど残っていなかった。代わりに満ち満ちていたのが、イノシシの気配。平成2年から休校中の小学校脇の小径を登っていくと、漁網に行く手を阻まれた。イノシシ侵入阻止のために張ってあるのだ。戻ろうとすると、足元でガサッと大きな音がして、瓜坊が必死に駆け上って行った。

　さらに、別な道を辿って上の方まで行くと、またしても近くの薮がガサッガサガサッと大きな音をたてて揺れた。さっきより格段に迫力がある。おとなのオスに遭遇したら、大変なことになるかもしれない。そのまま、今晩の宿舎である公民館へ引き揚げた。

　最近まで、野菜はほとんど自給自足だったが、今はそれもできなくなった。そのため、週末に子どもたちが野菜や食料を持ってきてくれるという。そう語った島人は、独りごちた。

「まさかこんな時代になるとは、思ってもいなかった」

授業で情島を訪れた広島文化学園大学看護学科1年の皆さんと付添いの先生が神社の清掃をお手伝い

翌朝、対岸の阿賀にある広島文化学園大学看護学科の学生たちが、看護学原論の授業の一環で島を訪ねてきた。お遊びではないのだが、船に乗って海を渡り未知の島にやってくるだけで楽しいだろう。9人の学生たちは、みんな目を輝かせて島の様子を観察していた。そのうち、島の現状を知らない人がよく発する疑問が口からこぼれた。

「ここにセブンはないのかな?」

「コンビニは?」

コンビニはもちろん、小さな商店もなければ、水道も井戸水だと知ると、学生たちは心底驚いたようで、嘆息をもらした。同じ町内、それも自分たちの目の前に浮かぶ島に、こんな生活があると気づいただけでも、島へ渡ってきた甲斐があっただろう。

中には、離島医療や僻地医療に興味を持ってくれた学生もいるかもしれない。島のお年寄りたちと熱心に交流する学生や引率の教師を眺めながら、そんなことを思った。

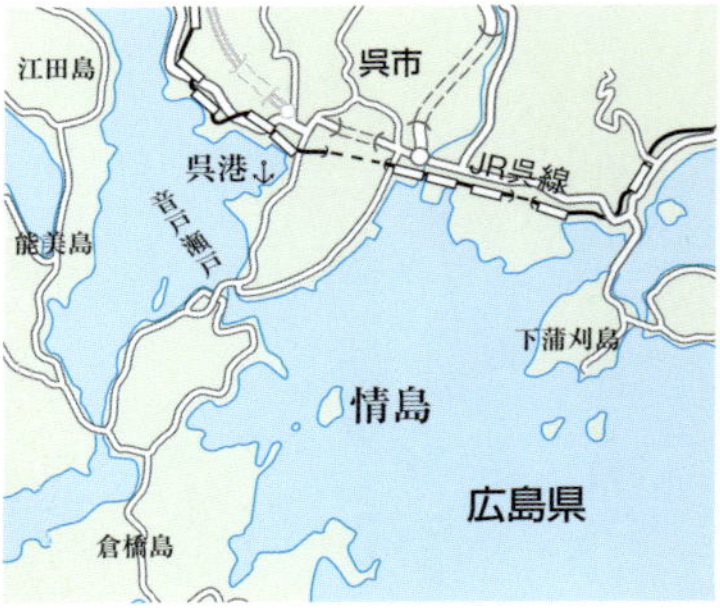

情島
（なさけしま　広島県呉市）
面積：0.69㎢
周囲：4.5㎞
人口：7人（2016年3月）
広島県呉市の南約8kmに位置する有人島。山がちの島。太平洋戦争時に海軍によって接収され、秘密訓練場になる。
アクセス：呉の阿賀港からフェリーで25分（つかさ）。

◆黄島《きしま》（岡山県）——神殿と自然農法が渾然とした島

へーっ、なんだかリゾート地みたいだな。

というのが、チャーター船から黄島の桟橋に降り立った時の第一印象だった。宗教団体の関係者がわずかに住むだけと聞いていたので、もっと物々しい雰囲気を想像していたのだが、港の真ん前にあるコンクリートの建物は、内部にリゾート施設のフロントがあってもおかしくないような洒落た感じ。

港には数十人は乗れそうな真っ白な高速船が舫《もや》われ、端正な船体に黄島丸と記されていた。クルーザーといっても差し支えないようなたたずまい。

桟橋の反対側に伸びた突堤には、竿を差す釣り人の姿まである。

もやっていることが多い瀬戸内にしては、すっきりとした青空が広がっていた。島内の案内図も、妙に可愛らしい。

図によると港の建物は、道場らしい。東端の高台には神殿があり、その他にエンジェル村やアポロ村、ロングビーチ、ファイヤービーチ、トコホコの道というのもある。また、農業倉庫、ニワトリ小屋、梅園も描かれ、教団は農業も営んでいるらしい。各種の農作物や、ニワトリ卵のイラストもある。

黄島に渡してもらったチャーター船の船長には、1時間後の正午に迎えにきて欲しいと頼んでしまったが、意外に見所が多い島だったのかもしれない。

一瞬迷ったが、最初に神殿へ向かった。小径はコンクリートで舗装され、植え込みや植樹も目につき公園のよう。煉瓦造りの黄島橋を渡ると、正面に神殿らしきものが見えた。

100段近くありそうな階段の彼方に、円形の白っぽい建物がちらり。UFOが着陸しているようにも見える。中米の古代神殿とも、イメージが交錯する。登り口には、

——此処より関係者（参拝者）以外の立入は御遠慮下さい。

と、明記されていた。少なくとも、神殿周辺は私有地に違いない。神殿前にある畑の横を通り過ぎようとすると、農作業をしている人がいた。初めて見かけた人だ。挨拶をすると、青年は顔を上げてさりげない会釈を返してくれた。見知らぬ人に驚いたようすもない。

「この島には、どのくらい人が住んでいるんですか」

「常時滞在しているのは、十数人かな。それから、通ってくる人間が10人くらいいます。ぼくも以前はここに住んでいたんですが、結婚してからこの島へ通うようになりました。岡山から牛窓までクルマできて、船で通っています。帰りの船ですか。だいたい6時半頃ですかね～」

住民も通勤者も、基本的には自然農法に取り組んでいるという。

「全部無農薬無肥料で作っています」

「ここは、どこかの宗教団体の島だと聞いたんですが……。神道系なんですか」

「ええ神道の流れを汲んでいて、神慈秀明会といいます」

もう少し話を聞きたかったが、もう40分しか残されていない。バスが遅れて牛窓に到着するのが10分ほど遅れ船長に文句を言われたので、二の舞は避けたい。

「黄島貝塚まで行くつもりですか。途中けっこう起伏があるので、急がないと12時までに間に合わないかも。神殿の上からの眺めは最高ですよ。良かったらあとで案内しましょうか」

ここまで戻ってくるのも大変なので、ササッと見学させてもらってから、貝塚まで急ごう。

「えっ、先に行きますか」

昇殿する階段の手前に、蓋された巨大な手水鉢のようなものがある。

港にあった黄島の案内図

「参拝の時はここで手を洗ってもらうんですが」

　と言いながら青年は、横目で鉢を見つつ登ってゆく。神殿は、風光明媚な場所に建てられた円形の高級レストランのようだった。眺めは、期待通りの素晴らしさ。東の水平線に低く連なるのは、淡路島らしい。その右手には、たおやかな小豆島の稜線が優しく波打っている。

　神殿の下で青年と別れ、小走りで貝塚を目指す。砂利舗装の道ははっきりしていたが、やはり起伏が大きい。途中で作業中の何人かと挨拶を交わすうちに、下になだらかな汀線とニワトリ小屋が見え、そこで左に曲がると、鍬で畑を耕す人と大きな説明板が目に入った。

『黄島貝塚（縄文時代早期）』と表題のついた説明板によると、汽水域に棲むヤマトシジミの貝層の上に海産のハイガイの貝層があり、次第に海水面が上昇した証拠だとか。海水面が上昇しつつある現在と、似たような状況だったのか。

　また、1952年に測定したところ、ハイガイは約

黄島貝塚の案内板と石碑

8400年前のものという結果がでて、日本の縄文文化が世界的にも大変古い文化であることが初めて解明された記念碑的な貝塚だという。

「世界屈指の古い文化の証拠」は、敗戦で傷ついた人々を勇気づけただろう。

汗だくになったけれど思いがけず早巡りできてしまい、港へ戻った時は正午まで10分を残していた。案内図の前にさっきの青年がいて、びっくり。ぼくを待っていたらしい。

「ずいぶん早かったですけど、黄島貝塚まで行かなかったんですか」

「小走りで駆け回ってきたんですよ。ところで、黄島は教団の私有地なんですか」

「ほぼ購入したと聞いています」

「ということは、立入禁止にしようと思えばできるということですよね」

「でも、舗装された道は町道なので、自由に歩いてもらってかまわないと思います」

新興宗教に対する世間の目を考えれば、下手に立入禁止にするより、神殿などを除いて自由にどうぞとしていた方が得策だろう。青年と港で話をしているうちに迎えの船がやってきて、桟橋に舳先をつけた。操舵室に入って船長と話すうちに、黄島に話が及んだ。

「港の建物を造るのに、15億かかったらしい。離島だと3倍近くかかるんじゃ。工事の人間を運んでいたんで、いろいろ聞いておるんじゃ。神殿が完成するのに、4年かかった」

あくまで風聞なので確認しようはないが、かなりの資金と資材が投入されていることは、間違いないだろう。

　豪華な神殿と堆肥すら使わない自然農法、そして都会の思惑や教団を維持していくための活動が、今後あの小さな島の中でどう共存し続けていくのだろうか。

　その時、10年、あるいは20年後、また旅人としてぶらりと訪ねてみたいと思った。そう思ってから、すでに10年の月日が流れてしまった。今は、どうなっているのだろう。瀬戸内市に確認すると、現在登録されている人口は1人（執筆当時）、ということだった。

神殿の下で農作業していた青年

神殿の前には小豆島が横たわっていた

黄島
（きしま　岡山県瀬戸内市）
面積：0.41㎢
周囲：4.5㎞
瀬戸内市牛窓から前島をはさみ沖合い800mにある島。古墳や縄文時代の貝塚がある。現在は宗教団体関係者のみ住んでいる。
アクセス：定期便なし

(13) 表情豊かな無人島

◆大黒神島《おおくろかみしま》（広島県）――瀬戸内海最大の無人島に人の影

それまでほとんど意識していなかったのに、急に気になりだす島がある。人間ならば、恋に落ちたという状況に近い。もっとも、そこまでの理不尽さはないけれど。

もうずいぶん昔のことになるが、2002年1月30日テレビのニュースを見ていてのけぞった。

大黒神島のある沖美町《おきみちょう》（当時）の町長が、米軍空母艦載機の夜間離発着訓練（NLP）施設を、この無人島に誘致すると発表したのだ。活性化の兆しのない地元産業と過疎に悩んだ末の苦渋の選択かもしれないが、いくらなんでもそれはないだろう。

訓練用の滑走路だけで、1000億円単位の金が動くらしい。岩国基地の騒音が問題になっているのに、世界

柱島から望む大黒神島

無人島で軽トラと建物を発見

遺産宮島の前に広がる海に、獰猛な騒音を招くことはない。

幸い地元を中心に誘致反対の声が沸き起こり、話は立ち消えになった。報道される経緯を見守る中で、大黒神島に対する興味が鬱勃と高まって行くのを抑えられなかった。

大黒神島は、以前から眼中にあった。瀬戸内海最大の無人島だから。面積は7・3平方キロで、東京都式根島のちょうど2倍。竹富島や座間味島よりも、2、3割大きい。

それに、以前は人も住んでいて、最盛期には26ヘクタールもの農地があったという。

こうなったら行くしかない。沖美町の沖漁協に電話すると、漁師の黒神恵さんを紹介してくれた。

当日の午前中は、沖野島を歩いた。大黒神島の真東にあり、地理的には一番近い島。沖野島の東海岸に出ると、目の前に大黒神島の白い崖が立ちはだかり、ガラガラごろんごろんというくぐもった音が海を渡ってきた。時々白い埃も舞い上がる。採石場らしい。

約束の時刻に沖漁港へ行くと、黒神さんは実直そうな笑顔で迎えてくれた。小船に乗り込んで、一路大黒神島へ。

波はあまり立っていないように見えたが、港を出るとけっこう激しく揺れて底を打つ。大声で怒鳴りながら話をした。

「採石場では、仕事してましたか」

休業日であれば、採石場の上の方にとても眺めのいいところがあるらしい。

「採石現場が南側に集中しているのは、世界遺産の宮島から見えないようにです」

「黒神さんという名前は、大黒神島になにか縁があるんですか」

「それは分からんが、うちのジィさんが大黒神島に住んでおった。当時は交通が不便だったので、自給自足に近い暮らしで、島で米や芋を作っていたそうです」

水が不足気味の瀬戸内の島なのに、麦ではなく米とは珍しい。懸案の無人島へは、わずか10分で到着。1時間ほどなら、沖で待っていてくれるということになった。

南北に伸びる防波堤に沿って小径があった。北へ行くとすぐ、石垣で囲まれた1ヘクタールばかりの田んぼらしき湿地があり、脇では渓流が海に注いでいた。大黒神島の最高峰櫛ノ宇根は、460メートルもある。その上、森に覆われた島なので、水が豊富なようだ。

渓流沿いの小道を登っていくと、錆びた軽トラックが放置されていた。

山道はさらに続き、途中の湿地には獣が踏み荒らしたような足跡が無数にあった。イノシシのぬた場のようにも見える。そこで道が曖昧になり、戻ることにした。よく観察すると、途中に脇道もある。

少しだけ侵入したら、青いミカンがいっぱい。潅木が繁り放題だったので、耕作放棄地なのだろう。もったいないことだ。

海まで降りて南へ向かうと畑地があり、作業小屋や朽ち果てた民家が散見された。このあたりには、時々人が訪れて手を加えているような気配が感じられる。岩がゴロゴロした渓流がもう一つあり、両側に何軒かの家が建っていた。日曜農業用の別荘といったところか。人が住めそうなものは2、3軒で、あとは廃屋。

手入れされた段々畑をたどりミカンの樹を縫って登って行くと、裏側に入江が現れた。遠くの岬に別荘らしき建物が連なっている。無人島に別荘村？　ただの大きな無人島と思っていたら、一筋縄ではいかない島だ。

1時間ばかりうろついて浜に戻ると、沖で待機していた黒神さんが船を寄せてくれた。

「別荘村みたいのがあるんですか。向こうに」

「行ってみますか」

300メートルほど角のように突き出た牛石ノ鼻には、尾根沿いに別荘がくっついていた。南側に回り込むと、

大黒神島の別荘地ゆめ岬共話国

誰かが畑を作っているらしい

海岸で腰砕けになったような建物があった。先の台風にやられたそうで、修復不可能に見える。その横を通る小径を登ったら、途中に上陸者各位と記された看板が立っていた。ゴミは持ち帰れ、火の処理は完全になど、常識的な注意。最後に、ゆめ岬共話国村長と書かれている。この村ができた頃は、自家用のクルーザーが頻々と訪れていたとか。

「広島の有名人が、結構きていたんですよ。あれは、マリンスポーツの店の小屋です」

夏には、無人島サバイバル体験を楽しみに渡ってくる人もいるらしい。

無人島だから人影もなくすっきり、と思っていたらとんでもない。海辺の岩に重なり合ってついている牡蠣のように、大黒神島にはいろいろな過去が堆積していた。一枚一枚剥がせば、思いがけない表情が出てきそうで興味深い。いずれ再訪してゆっくり歩いてみたいと思いながら、12年もの時が流れてしまった。

大黒神島
（おおくろかみしま：広島県江田島市）
瀬戸内海の中央、芸予諸島にあたる。
面積：7.31㎢
人口：0
能美島南約4kmに位置する瀬戸内海で最大の無人島。最高地は標高460mの櫛ノ宇根。19世紀初頭以降移住者があったが、1987年に再度無人島となる。採石所跡がある。島周辺海域は牡蛎の養殖で知られる。

◈宇治島《うじしま》（広島県）——シカとクジャクの領土に上陸

最初に宇治島を意識したのは、親島というべき走島を訪ねた時だった。唐船天女浜へ行くと、すぐ前に見知らぬ無人島が浮かんでいた。地元のオバちゃんが教えてくれた。

「あれは宇治島じゃ。昔は、よく貝を採りに行った。人が住んでいたこともある」

今はシカとクジャクが占領する無人島だが、調べてみると大層な歴史を背負った島だった。

宇治島北ノ浜遺跡からは、縄文時代から中世初期にかけての遺物が出土している。古墳時代から平安初期にかけての製塩土器や祭祀用と推定される奈良三彩や須恵器の壺は、海人文化理解の手がかりと見なされているという。

また、敗戦後瀬戸内海の多くの小島と同じように開拓者が入り、1955年には41人の人口を数え、走島小学校の分教場もあったほど。その後、埋立用石材を採掘することになり、

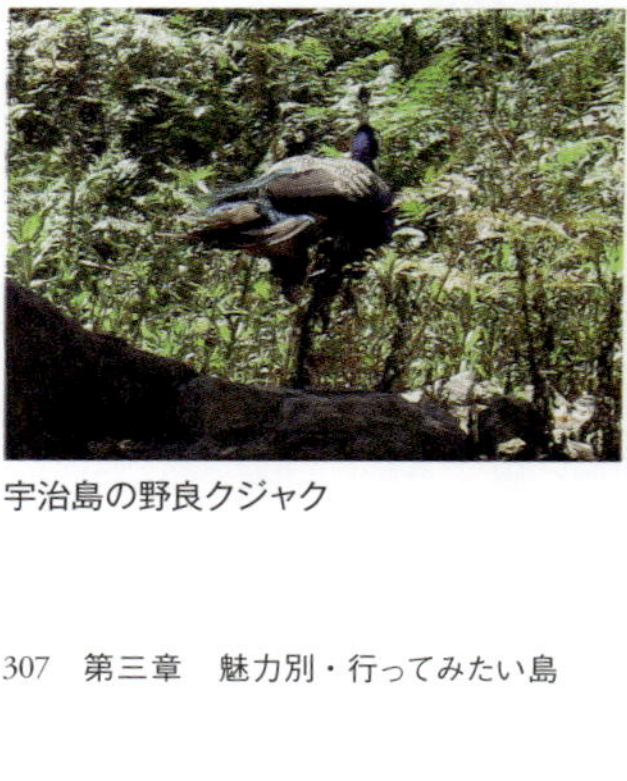

宇治島の野良クジャク

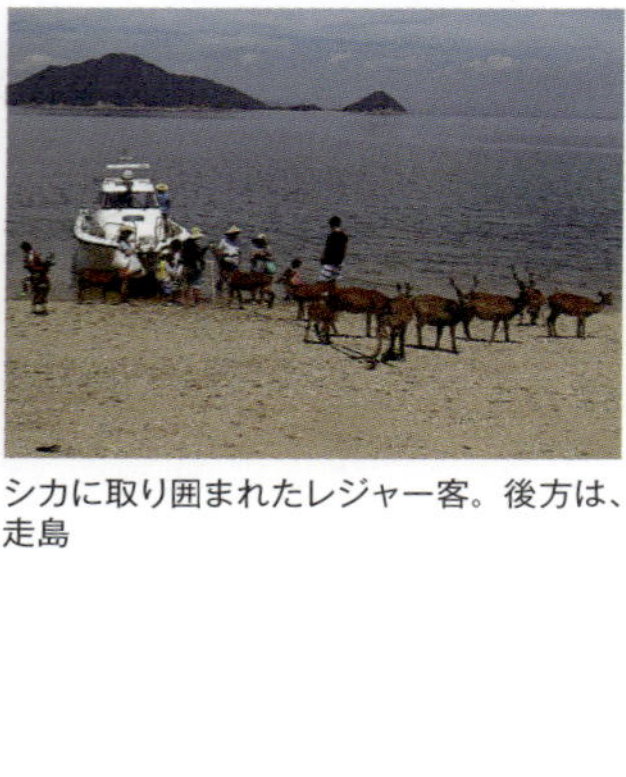

シカに取り囲まれたレジャー客。後方は、走島

1963年4月に無人島に戻った。

しかし、実際にはほとんど採石されることはなかったという。

宇治島を知ってから十数年後、やっと渡る機会が訪れた。瀬戸内海に遊びに来た友人家族と、チャーター船で渡ることになった。岡山県の真鍋島から県境を越えて一路広島県の宇治島を目指した。真鍋島から直線距離で約12キロ。

右手は飛島、左手では岡山県最南端の六島が大きくなってくる。

そろそろ広島県に入るはずだ。走島が近づいてくる。真鍋島から30分ほどで、広島県最東の宇治島東岸に到着した。

この辺で採石していたのか、東岸は崖を崩して整備した気配がある。チャーター船は、時計回りに一周してから、美しい白砂の浜が伸びる北岸に錨を降ろし汽笛を鳴らした。すると、それまで2、3頭しか姿の見えなかったシカが、待ちかねたようにわらわらと駆け寄って来るではないか。子どもたちは、大はしゃぎ。大人たちも興奮を隠さない。

野生化しているが、元々は宇治島を管理している福山市が島に放し、月に1回ほど餌をやっているので、純粋な野生のシカとはいえない。島でシカに蹴飛ばされ肋骨を折ったという男性に、福山市が計16万円の治療費、休業損害金、慰謝料を支払った、という過去もある。逆に言えば、人にほどほど慣れているので、こちらから脅威を与えたり、発情期に不用意な行動をとらなければ、あまり怖がることもないのではないか。

舳先から波打ち際に飛び降りると、たちまちシカの群れに囲まれた。

餌を期待しているのだろう。用意しておいた食パンやキャベツを取り出すと、シカたちの興奮は頂点に達した。

油断してると奪われ、服まで引っ張られかねない。子どもたちは、嬉しいような怖いような微妙な表情で戯れている。あまりじらしたりせずに、要求されるまま次々と与えたからか、危うい状況になることはなく、餌がなくなるとシカは何ごともなかったように去って行った。

島の中央部は南北が狭まり、くびれた部分が唯一の平地になっていた。有人島時代は、この辺が生活の中心だったらしく、コンクリートの遺構が散見される。暮らしの痕跡を求めて、島の深くへ潜入することにしよう。

浜の一番上の方に、使用可能と思われる簡易トイレが設置されていた。遊びに来る人たちが残していったのか、おんぼろのソファやＢＢＱ用と思われる半分に切ったドラム缶などが目につく。平地の中央には、南北25ｍ東西10ｍほどの池があった。周辺に杭らしきものがあり、人工的に作られた水溜りらしい。シカの水場になっているようだ。

西側の大木の下でシカが1頭たたずみ、その近くには崩れた石垣があった。

石垣に近づいていくと、目の片隅に金属光沢の鮮やかな青色が飛び込んできた。

クジャク。

こちらに気づき、一目散に薮の中に逃げ込み、消えてしまった。池の畔の方を振り返ると、変なものが見える。ゴミの塊なのだか、どこかわざとらしい。こんな無人島にまでアートの波が、と呟きながら近づくと、本当にアートらしい。

ゴミを寄せ集めて造形したフグの真ん中に、五右衛門風呂の釜が据えてある。

ふん～ん、面白いじゃん！

という思いと、作品ともゴミの塊とも判然としないものを無人島に放置しておくことに、どんな芸術的意味があるのか、という疑問も湧く。後で調べたところ、2013年秋に実施された「宇治島クリーン＆アートプロジェクト」での「福山のフグの湯」らしい。

漂着ゴミアートの傍らを通り過ぎ、緩やかな砂地の斜面を登

島中央部の平地にあった池。シカの水場らしい

島中央部の平地を横切り南海岸へ

ると、南側の砂浜に出た。くびれた部分の幅は250メートルほどか。改めて島を眺めわたすと、黄緑色のシダの下草と黒緑の樹木が織りなすコントラストが、不思議な風景を作っている。アフリカのサバンナが終わり山岳地帯に移って行く場所のよう。シカの食害によって作られた景色なのだろうか。

北岸に戻る途中、コンクリートの基礎や井戸、石積みなどを発見した。このあたりが、宇治島集落の中心部だったのだろう。白砂の平地に鏤められた生活の痕跡は、眺めていると自己主張しはじめた。今度は小高いところに行ってみよう。東側の斜面を登ると、すぐにほとんど草も生えていない平地が現れた。かつては、屋敷があった土地ではないか。そこを囲む一角には、崩れかけた石垣があった。やはり、家の敷地だったらしい。

さらに上へ、獣道らしき踏み跡が続いている。みんなが遊んでいる砂浜が一望できるところまで登ってみよう。遠目には、シダの下草と木立だけの分かりやすい斜面だが、実際にビーチサンダルで歩いてみると、小径が踏み崩れたり、蜘蛛の巣や自

東側の山から見下ろした北海岸

漂着ゴミで作ったアートらしい

在に繁茂した小枝が繰り返し道を遮ったりと、なかなかハードだった。それでも、白砂の浜が見渡せるところまで来ると、瀬戸内らしい白砂青樹（松ではなかった）の絶景が広がっていた。無人島ながら、豊かさを感じさせる風景だ。

みんなが遊んでいるようすを山の上から眺めて戻り、廃墟と化したコンクリートの壁を見ると小さな貼り紙があった。

「危険／野生動物（シカ・クジャク）に近づくとケガをするおそれがあります。絶対にやめてください。
福山市公園緑地課」

あれ、そうだったんだ……。

宇治島
（うじしま：広島県福山市）
面積：0.52㎢　**人口**：0
鞆の浦の南東約10km、走島からは南東約2.5kmにの燧灘に位置する。1955年には人口41人（国勢調査）であったが1963年（1967年という説もあり）に無人島になる。クジャクとシカの放し飼いで知られる。年１回ボランティアグループが清掃に訪れている。遺跡として、縄文～中世初期遺物が出土した「宇治島北ノ浜遺跡」がある。
アクセス：定期便なし

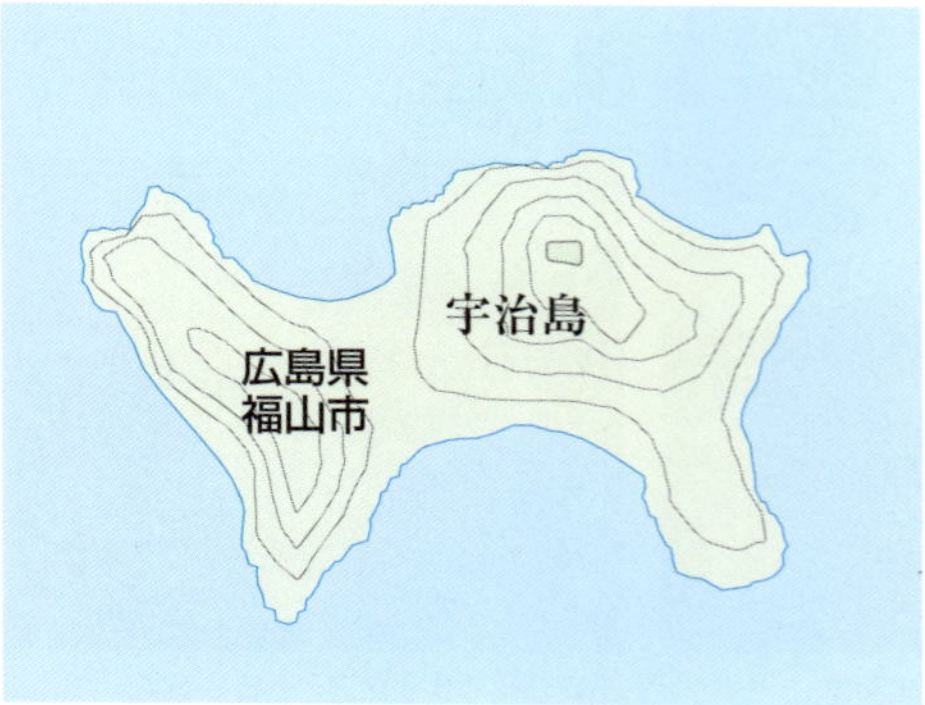

◈円上島《まるがみじま》・股島《またじま》（香川県）――塩飽水軍の痕跡と菊花石を求めて

豊島に住む友人B氏から「股島ツアー」の話を聞いた時、二つの想いがよぎった。

せっかくの機会だから、渡っておきたいな。

股島へ行くなら、ついでに円上島の球状ノーライトも見たい。

両島とも、香川県の最西端に位置する観音寺《かんおんじ》市伊吹島の属島だ。

友人に円上島追加の件を相談したら、股島行きを手配してくれる伊吹島の三好兼光さんと直接話をして欲しいという。早速連絡を取ったところ、海上タクシーを運航している三好さんは、あっさり承諾してくれた。

「菊花石を見に行きたいんでしょ。それなら円上島にも寄りましょう」

球状ノーライトの通称は、断面が菊の花のように見えるので菊花石。

無人島行きの当日、B氏と観音寺港で合流。伊吹島に到着すると、そのまま連絡船の近くに浮かぶ三好さんの船に向かった。後ろの甲板には小さなボートが積んである。

無人島ツアーの参加者は、大阪から駆けつけた人や小さな子どもも入れて総勢9名。賑やかな島旅となった。

港を出て西へ向かうと、前方水平線上に二つの島影が現れた。比較的平らで大きい方が股島、隣にちょこんと立っているのが小股島。海況も上々で、ちりめん皺ほどの波だけ。

外で風に吹かれていたいが、三好さんの話も聞きたい。大手自動車メーカーを早期退職して故郷の島へ戻ってきた三好さんは、実は著名な郷土史家なのだ。

「このあたりは、西の村上水軍と東の塩飽水軍の勢力範囲がちょうど接する海域で、当時股島は塩飽水軍の影響下にありました」

股島は、塩飽水軍最西端の出張所のような存在だったらしい。1962年までは、人も住んでいたという。

股島を話題にしているうちに、島影がどんどん迫ってくる。20分少々で股島の港に入った。ここは避難港で、上陸するための設備はない。

「あそこなら大丈夫そうだ」

三好さんはそう呟きながら慎重に舵を切って、石積みの岸壁に舳先をつけ、身軽にひょいと上陸して大きな岩にロープ

伊吹島港で定期船(後方)から海上タクシーに乗り換える

股島に上陸

を結びつけた。

　ぼくも続いて上陸。岩だらけの海岸線を100メートルほど歩くと、波に浸蝕されて崩れかけたコンクリートの護岸が現れた。その上を少し進むと、小砂利と細かな流木の目立つ砂浜が広がり、半ば崩壊した木造家屋とその奥にすっくと建つ社殿が見えた。

　屋根が完全に落ちた廃屋は、タコツボ漁や建て網漁をやっていた漁家のものだという。目の前の海には、遊漁船が3、4隻漂っている。いい釣り場なのだろう。小船たちの背後には、お椀を伏せたような円上島が浮かんでいた。

　社殿の前に「清丹大明神社殿改修」という石碑がある。社殿左の小さな祠には、漁師の崇敬篤い恵比寿さん（島では、よべっさん）の石像が祀られ、賽銭と護符が供えてあった。

「夏のみなと祭り（明神祭）の時は、この浜で昼食をとります」

　大漁祈願のための伊吹島、股島、円上島の三島巡回が、み

股島の恵比寿さんと賽銭

船酔いのため釣り船から上陸していた先客（左）と崩れた護岸、彼方に円上島

など祭りの中心となる神事だという。御座船で無人島の近くまで行き、神主や当番の網元などが、ボートに乗り換えて上陸する。無人島ではあるが、両島が伊吹島と深く結びついていることが実感された。

お宮のある浜で10分も過ごしただろうか。今来た道を船に戻って、円上島へ向かう。

周囲の風景を眺めるうちに、わずか15分で円上島に到着。三好さんは北西岸の切り立った岩場に、そろそろと船を寄せていく。

「菊花石は、この辺にある。あの岩場の途中に穴が見えるでしょう。盗掘の痕ですよ」

海岸から10メートルほどのところで、船が止まった。持参のボートをおろし、B氏ともう一人が乗り込む。大きな岩が重なりあう海岸に上陸したB氏が、ロープを岩に縛り付けた。

一人がロープを引きながら戻ってきて、ぼくが乗った。ぼくがロープを手繰り島へ。そんなことを繰り返して、全員が

円上島の菊花石

円上島

円上島の人となった。

先に上陸した人間から、菊花石を探す。上陸した付近の岩場でも、それらしい模様が浮き出た場所を発見。三好さんが、そこではなく盗掘痕がある岩に登れと指図するが、近づくと意外に傾斜がきつい上に、手足をかける場所も少なく、どう攻略していいか分からない。続く若者たちが、ぼくが引き返した地点を乗り越え盗掘痕に到達。それならばと勇を鼓して再挑戦し、なんとか若者たちに合流できた。

盗掘したという穴やその周辺を観察すると、何カ所にそれらしい模様を浮き立たせた岩があった。しかし、残念ながらどれが菊花石なのか、今一つ確信が持てない。それでも、多分これだろうという箇所をいくつか撮影して、船に戻った。

船中では三好さんの祖先である三好氏や伊吹島について話し込み、菊花石の写真を見てもらい忘れ、翌2013年に伊吹島をまた訪れた時、やっと確認してもらうことができた。

股島
(またじま　香川県観音寺市)
面積：0.08㎢
人口：0
観音寺港から南西約20km。無人島。別名地蔵島。
アクセス：定期便なし

円上島
(まるがみじま　香川県観音寺市)
面積：0.12㎢
人口：0
観音寺港から北西約20km。無人島。球状ノーライト(紫蘇輝石斑れい岩)の産出で知られる。釣りに訪れる人も多い。
アクセス：定期便なし

索引

あ

安居島（あいじま）愛媛県松山市……42
青島（あおしま）愛媛県大洲市……37
赤穂根島（あかほねじま）愛媛県上島町……62
庵治大島（あじおおしま）香川県高松市……64、273〜279
粟島（あわしま）香川県三豊市……106
家島（いえしま）兵庫県姫路市……32、33
生名島（いきなじま）愛媛県上島町……94
石島（いしま）岡山県玉野市……62
犬島（いぬじま）岡山県岡山市……39、280〜283
岩城島（いわぎしま）愛媛県上島町……63、94、190〜197
因島（いんのしま）広島県尾道市……184〜189
魚島（うおしま）愛媛県上島町……80〜85
牛ケ首島（うしがくびじま）香川県直島町……62
牛島（うしじま）香川県丸亀市……41、66〜68、233〜240
宇治島（うじしま）広島県福山市……307〜312
鵜島（うしま）愛媛県今治市……88
馬島（うましま）愛媛県今治市……32
大久野島（おおくのしま）広島県竹原市……32、268〜272
大黒神島（おおくろかみしま）広島県江田島市……302〜306
大崎上島（おおさきかみじま）
広島県大崎上島町……79、95、110、219〜225
大崎下島（おおさきしもじま）広島県呉市……212〜218
大島（おおしま）→庵治大島、越智大島、新居大島、周防大島の項を参照
大飛島（おおびしま）岡山県笠岡市……75
大三島（おおみしま）愛媛県今治市……164〜166
岡村島（おかむらしま）愛媛県今治市……110
男木島（おぎじま）香川県高松市……40
小島（おしま）愛媛県今治市……32、264〜267
小島（おしま）香川県多度津町……202
越智大島（おちおおしま）愛媛県今治市……88、253〜257
大蔦島（おおつたじま）香川県三豊市……64
小手島（おてしま）香川県丸亀市……198〜204
小豊島（おでしま）香川県土庄町……63

か

鹿島（かしま）愛媛県松山市……64
釜島（かましま）岡山県倉敷市……47、51
黄島（きしま）岡山県瀬戸内市……62、296〜301
北木島（きたぎしま）岡山県笠岡市……90、203
来島（くるしま）愛媛県今治市……32
黒島（くろしま）岡山県瀬戸内市……62
興居島（ごごしま）愛媛県松山市……36
小与島（こよしま）香川県坂出市……46〜50、62、286〜290

さ

佐島（さしま）愛媛県上島町……94
佐柳島（さなぎじま）香川県多度津町……69、106、154〜158、202
讃岐広島（さぬきひろしま）香川県丸亀市→広島の項を参照
四阪島（しさかじま）愛媛県今治市……64
志々島（しじじま）香川県三豊市……32、40、88、112〜118

斎藤 潤（さいとう じゅん）
1954年、岩手県盛岡市生まれ。東京大学文学部露文科卒業。JTBで月刊誌『旅』などの編集に携わったのち、フリーランスライターに。旅、島、食、自然、農林水産業、産業史などをテーマに全国を巡り、執筆活動を行っている。主な著書は『日本〈島旅〉紀行』『沖縄・奄美〈島旅〉紀行』『吐噶喇列島』『東京の島』『旬の魚を食べ歩く』（以上、光文社新書）、『島―瀬戸内海をあるく1集～第3集』（みずのわ出版）、『島で空を見ていた 』（幻冬舎）、『絶対に行きたい! 日本の島』（ビジュアルだいわ文庫）など。近刊は7月発行の『ニッポン島遺産』（実業之日本社）。共著に『沖縄いろいろ辞典』（新潮社）、『島・日本編』（講談社）などがある。

［カラー版］瀬戸内海島旅入門

2016年9月15日 初版第一刷発行

著者――斎藤潤
発行者―滝口直樹
発行所―株式会社マイナビ出版
〒101-0003 東京都千代田区一ツ橋2-6-3 一ツ橋ビル2F
TEL 0480-38-6872（注文専用ダイヤル）
03-3556-2731（販売部） 03-3556-2736（編集部）
e-mail pc-books@mynavi.jp
URL http://book.mynavi.jp

デザイン――吉村朋子
編集―――山本雅之（マイナビ出版）
地図製作―高嶋敬、園田省吾、岩井浩之、藤井草平（マイナビ出版）
DTP―――藤井草平（マイナビ出版）
校正―――池田美恵子
印刷・製本―株式会社大丸グラフィックス

定価はカバーに記載しております。

ISBN978-4-8399-6006-3 C0026

この本で使用した地図の作成に当たっては、国土地理院長の承認を得て、同院発行の数値地図25000（空間データ基盤）、20万分1地勢図、50万分1地方図、を使用した。
（平27情使、第57－11号）（平27情使、第59－11号）（平27情使、第60－11号）